世界社会保障制度系列丛书

丛书主编 郑功成

U0878358

日本
社会保障制度

沈洁 著

Social Security
System in Japan

中国劳动社会保障出版社

图书在版编目（CIP）数据

日本社会保障制度／沈洁著．--北京：中国劳动社会保障出版社，2022
（世界社会保障制度系列丛书）
ISBN 978－7－5167－5389－7

Ⅰ.①日…　Ⅱ.①沈…　Ⅲ.①社会保障制度-介绍-日本　Ⅳ.①D731.37

中国版本图书馆CIP数据核字（2022）第056243号

中国劳动社会保障出版社出版发行
（北京市惠新东街1号　邮政编码：100029）
*
保定市中画美凯印刷有限公司印刷装订　　新华书店经销

787毫米×1092毫米　16开本　16印张　169千字
2022年4月第1版　　2022年4月第1次印刷
定价：68.00元

营销中心电话：400－606－6496
出版社网址：http：//www.class.com.cn

总　序

如果要追溯社会保障的渊源，有着连续数千年文明史的中国应当是最具代表性的国家。因为在其有文字记载的漫长历史画卷中，各种描绘社会保障思想与实践活动的文字屡见不鲜，一些社会保障措施甚至自古一直柔性传承至今。然而，以平等、法制、共享等为基本元素的现代社会保障制度，却是现代化进程中带给人类社会的一个异常重要的制度性文明成果。德国因在19世纪80年代首创社会保险制度而成为这一制度文明的起源国，之后被其他国家仿效。在历经20世纪30年代美国全面建立社会保障制度和20世纪40年代末英国将自己的社会保障制度升华为福利国家等重大事件后，社会保障制度对国家治理、社会经济发展与人民福祉提升所具有的必要性与重要性即获得了世界各国的广泛认同。在当今世界，社会保障已经成为现代国家治理体系中不可或缺的支柱性制度安排，也成为各国人民共享国家发展成果的基本途径与制度保障。

中国是一个大国，也是一个行进在现代化“快车道”上的发展中国家。在中华人民共和国成立后，除了柔性传承着历史中国的一些社会保障做法外，更在短短几年内就建立了以劳动保险为主体的统一的社会保障制度。这套制度不仅极大地缓解甚至消除了当时社会弱势群体的现实困难，而且为全体人民（特别是城镇居民）提供了稳定可靠的安全预期，它使新生的人民政权迅速赢得了民心，也为国家在严酷的内忧外患环境下获得快速发展创造了万众一心、众志成城的优良社会氛围，这不仅被视为社会主义制度优越性的具体体现，而且在国家治理中扮演着极为重要的角色。

改革开放后，伴随经济体制改革的推进，中国社会保障制度也进入了改革年代，近30年来，绝大多数社会保障项目进行了深刻的制度变革，原有的以国家负责、单位或集体包办、板块结构、封闭运行为基本特征的社会保障制度已转型为以政府主导、责任分担、社会化、多层次化为基本特征的新型社会保障体系。不过，这种转型还未最终完成，而漫长的试点先行、渐进改革方式亦形成了新的路径依赖，这使得新型社会保障制度还面临着深化改革的艰巨任务。目前，中国的社会保障改革正处于关键时期，中央层面的顶层设计在紧锣密鼓进行中，让这一制度走向成熟、定型已经是国家层面的紧迫任务。

毫无疑问，中国的社会保障制度，必然要打上中国特色的烙印，但也必须充分吸收人类社会共同的文明成果，这就需要了解他国的社会保障制度，并在真正了解的基础上认识和把握社会保障制度发展的客观规律。有鉴于此，中国社会保障学会将组织、出版世界社会保障制度系列丛书列为十分重要的学术工作，并于2015年夏通过青年委员会开始组织申报与评估，接着陆续确定合适的作者承担著作任务。这套丛书的使命，就是尽可能全面、客观地介绍各国的社会保障制度，包括其发展脉络、制度框架、基本特征和主要制度运行的基本情况，以便为读者了解并理解国外社会保障制度提供一个高质量的蓝本。为此，我们确立了三项原则：一是以在国外专门研修过或者正在国外研修社会保障制度的研究者为作者队伍的主体，必要时邀请国外学者撰著本国的社会保障制度；二是强调突出对各国社会保障制度进行客观介绍，力求内容完整、资讯新颖；三是要求简明扼要，为读者自主判断留出空间。因此，这套丛书应当有着区别于其他研究外国社会保障制度的图书的独特价值。

感谢中国劳动社会保障出版社的大力支持，该社作为中国社会保障领域具有广泛影响力的专业出版社，出版过大量有价值的社会保障图书，中国社会保障学会将这套具有独特价值的丛书交由该社陆续出版，无疑是本专业领域的最优合作。

我相信，这套丛书一定能够给中国的社会保障研究者、社会保障实务工作者以及对社会保障有兴趣的读者带来丰富的资讯与诸多的启迪。

中国社会保障学会会长　郑功成

2016 年 9 月 1 日于北京

郑功成（Zheng Gongcheng），现任中国社会保障学会会长，中国人民大学教授，同时担任全国人大常委会委员、全国人大内务司法委员会委员；兼国务院医改领导小组咨询委员会委员、国家减灾委专家委员会副主任和多个部门的咨询委员或顾问。长期从事社会保障、慈善公益、灾害保险及与民生相关领域的理论与政策研究。

前言

感谢中国人民大学郑功成教授邀请我撰写“世界社会保障制度系列丛书”之《日本社会保障制度》专题。由于这些年手头事情太多，没有大块儿时间集中写作，这本书断断续续花了大约五年时间最终成稿，总算是对郑功成教授的盛情有了个交代，不胜欢喜。

2004年我应华中科技大学丁建定教授邀请，为“西方社会保障制度发展丛书”撰写的《日本社会保障制度的发展》，2009年我与日本京都大学广井良典教授共同编著的《中国・日本社会保障的比较与借鉴》，以及此书均由中国劳动社会保障出版社出版，感谢也很珍惜与这家出版社的缘分。

2004年我撰写的《日本社会保障制度的发展》专著，重点是追溯日本社会保障发展的脉络，从历史的连续性来解读其制度的萌芽、形成、发展、改革等各个阶段所面临的问题和解决的方策，以及历史的必然型和偶然性，试图从中揭示日本发展路径具有的共性和特性。时隔十几年推出的这本新作，则是从横断面解析进入21世纪以后的日本对社会保障财政、年金保险、医疗保障、护理保险等各项制度所进行的结构性改革。重点描述其在面临经济滑坡以及其他发达国家没有经历过的“压缩型”少子化、老龄化、长寿化困境中，如何持续不断地挑战极限，探索社会保障持续性发展道路。

本书以社会保障结构性改革为主题，从三个分析视角对社会保障各项制度的改革和创新给予客观介绍和分析。

首先，从社会保障制度持续性发展视角，针对社会保障财政结构、分项制度财政情况等，通过系统的、全新的数据进行翔实、客观的描述。

其次，从克服制度碎片化，实现制度的综合效率的视角，分析年金保险、医疗保障、护理保险、社会救助等制度领域，从封闭走向开放，从各自独占鳌头走向互动和互补的改革过程，揭示社会保障制度具有的整体性、互补性特征。

最后，从制度设计、制度运行与制度创新的分析视角，注重对社会保障各项制度具体运行规则、经办流程以及制度设计和创新的分析，提供具有实操意义的思路和方法。

本书由六章构成。引章“日本社会保障特征”，从社会保障理论推进的过程来揭示其制度的基本特征。第一章“社会保障财政”，将各项保险制度的财政问题凸显出来，论证社会保障财政不仅在社会再分配环节中扮演重要角色，而且在促进经济发展中也起到了举足轻重的作用。第二章“年金制度”、第三章“医疗保障制度”、第四章“护理保险制度”、第五章“社会救助制度”，则从各项制度的运行、互补关系与制度创新方面进行介绍。

上述章节的安排都是为了一个目的：展现具有动态感的日本社会保障制度全貌，为我国社会保障制度迎接少子化、老龄化和长寿化的新挑战提供有益的借鉴。

沈　洁

2022 年 1 月

目　录

引章

日本社会保障特征

各个国家在社会制度建构过程中，必将根据本国社会发展进程以及文化积淀，赋予社会保障足以体现本国特质的内涵。日本社会保障无论是在理论建构还是制度安排上，都浓缩了第二次世界大战之后反思战争、效仿西方国家、重建民生保障体制的发展特点。

本书将从动态视角对日本在社会保障理论以及制度建制过程中进行的探索和争议进行梳理，为深层解读日本社会保障内涵提供一个思路。

一、“享有健康且文明的生活”保障

“享有健康且文明的生活”保障以及保障“最低限度生活水平的权利”是日本社会保障制度的核心概念。日本《宪法》第25条对社会保障作了以下规范，即保障“所有国民享有健康且文明的最低限度生活水平的权利”“国家应该积极推进和发展社会保障、社会福利以及公共卫生”。

对《宪法》所界定的社会保障基本内涵进行具体描述，可以看到它涵盖了以下几项内容：第一，以全体国民为对象；第二，国家是社会保障运营的主体，即承担社会保障的国家责任；第三，生存权保障是社会保障的基本目标，而生存权的含义包含了“享有健康且文明的生活”；第四，社会福利以及公共卫生是支撑社会保障体系的主要支柱。日本《宪法》所界定的社会保障内涵和外延，与英、美、法发达国家社会保障制度概念比较，凸显了它宽泛的特点。尤其是“享有健康且文明的生活”的界定，为此后日本社会保障制度发展留下了空间。

回顾国际社会对社会保障所作的界定并加以对比。联合国对社会保障概念的表述是：每个人都有权利实现自己和家人的生活安康，不仅包括有权得到食品、衣着、住宅、医疗和其他社会基本服务，而且包括遇到失业、生病、残疾、年老或者其他原因带来生活困难问题时，有权获得社会保障。而美国则视社会保障为社会安全网，具体可以理解为对于因年老、残疾、死亡或者失业失去经济收入时提供最基本的医疗和经济生活保障。英国受《贝弗里奇报告》影响，倡导社会保障是以国家为主体的公共福利供给，认为社会保障是指当国民因失业、疾病、残疾、年老等原因丧失经济收入时，应对这部分人给予生活费用的收入保障。首次把生存权保障列入宪法的国家是德国，德国在 1919 年颁布的《宪法》第 151 条中提出，把维持具有人的尊严的基本生存权作为社会保障的基本目标。日本的社会保障制度概念吸收了国际社会各家之长，突出“享有健康且文明的生活”的寓意则表现了日本的标新立异。

二、来自《贝弗里奇报告》的影响

1942 年英国发布《贝弗里奇报告》，对初创时期的日本社会保障制度建构产生巨大影响。1947 年日本《宪法》第 25 条明示了社会保障的基本原则和目标，1948 年颁布《社会保障制度审议会设置法》，1950 年社会保障制度审议会完成了社会保障制度规划蓝图，即日本版《贝弗里奇报告》——《日本社会保障制度劝告书》。

《日本社会保障制度劝告书》对社会保障制度的原则和制度概念做了更为具体、明确的表述："社会保障是指对疾病、劳动灾害、分娩、伤残、死亡、老龄、失业、多子女以及其他原因造成的贫困，以保险或者公费①负担的方式，提供经济保障。对于生活陷于贫困的家庭和个人，通过社会救助等形式，保障他们最低限度的生活水平。"与此同时还表明，将力图通过提高公共卫生和社会福利服务水平，让全体国民能够真正健康且文明地享有最低限度的生活水平的权利。②

在关于社会保障制度结构设计中提出：保障对象可以分为被雇佣者和个体经营者、农民、自由职业者两大部分。保障的种类分为伤病、残疾、死亡、生育、儿童、养老、失业七类。坚持对经济收入进行再分配的原则，调节贫富差距。缴纳的保险金额不与领取的保险金额挂钩，实行均等支付制度。社会保障以家庭为单位，家属的年金以及医疗保障等涵盖在被雇佣的主要家庭扶养人的保障体系中。养老、遗属、伤残保险覆盖全体国民，实现全民皆保险。关于社会保障的财源问题提出：国家是社会保障的第一保险人，应该承担一部分的保险费用以及全部事业管理费；国民也应该承担一部分的保险费，同时要让国民理解参加社会保险是一项社会义务。在财源供给上主要体现中央政府、地方政府、企业、个人多方负担的社会连带原则。

在社会保障制度的建构中，社会保险是核心，社会救助是补

---

① 公费指政府财政投入。

② 参考厚生劳动省发布的2012年版《厚生労働白書》。

充，社会救助的作用是解决社会保险不能解决的贫困问题，由国家通过救助的方式对贫困者的最低生活予以保障。除此之外，还要积极发展公共卫生以促进国民健康，完善社会福利以保障国民福利生活的稳定。社会保障是包括社会保险、社会救助、公共卫生以及社会福利的综合体系。

日本社会保障制度设计中以全体国民为对象的普遍性原则、费用共同负担原则，忠实体现了《贝弗里奇报告》精神。而提出的保障国民享有健康且文明的最低限度的生活水平的界定，已经超越了贝弗里奇报告所提出的最低需求原则所涵盖的内容。

1950年社会保障制度审议会所提出的上述有关制度概念、基准，始终制约着社会保障制度的建构以及理论发展，并逐渐确立了以下制度体系（见表0－1）。

表0－1　日本社会保障制度体系

狭义社会保障	广义的社会保障	社会保障关联制度
社会救助	狭义的社会保障	住宅津贴
社会福利	抚恤金	失业津贴
社会保险	战争牺牲者援助	
公共卫生与医疗服务		
老人保健		

资料来源：根据广井良典2007年出版的《日本社会保障》制作。

在制度实际运行中，又常常把社会保障分为狭义和广义概念进行分别对应。狭义社会保障涵盖社会救助、社会福利、社会保险、公共卫生与医疗服务、老人保健。广义社会保障指在狭义基础之上附加抚恤金、战争牺牲者援助。与社会保障相关联的制度还有住宅津贴、失业津贴。以上三类相加构成比较完整的广义社会保障制度体系。

三、《21世纪福利 Vision》：应对少子老龄化时代

进入20世纪90年代以后，日本社会与经济结构出现了急剧的变化，特别是少子老龄化问题对社会保障带来极大的冲击。另外，日本经济经历了快速发展以及中速发展时期之后，开始步入超低速发展时期。1950年，由社会保障制度审议会建议和规划的社会保障制度框架，在经济发展出现大起大落的变化中，显现出它的局限性。面对经济转型和社会转型，经济界和政界人士提出希望尽快进行社会保障制度改革，以适应当代社会的快速变动。1991年社会保障制度审议会建议成立"社会保障未来发展委员会"，应对少子老龄化以及社会经济的急剧变化，设计和重构面向21世纪的社会保障蓝图。1994年，政府发布《21世纪福利 Vision》（即《21世纪福利构想》）。

《21世纪福利 Vision》总结了20世纪50年代以后社会保障制度的发展经验，明确指出20世纪50年代社会保障的主要任务是贫困救济和贫困预防；20世纪60年代遵循社会公平原则，实现了国民皆年金、皆保险；20世纪70年代提高了年金、医疗保障、失业救助等现金给付水准，提升了社会保障质量，力图达到每个社会成员享有健康且文明的生活；20世纪80年代以后则将重点放在了社会保障制度的高效率和安全运行方面。经过几十年的努力，国民生活的基础已经稳固，年金和医疗保障给付水准处于世界领先地位。从20世纪50年代到80年代这一时期，借助日本经济持续增长的经济背景，社会保障制度基本完成了1950年《日本社会保障制度劝告书》所规划的制度建设任务。但是，进入20世纪90年代以后，社

会和经济都出现了结构性的变化，尤其是少子化、老龄化、劳动人口减少等情况，迫切要求社会保障适应社会经济变化，进行结构性调整改革。为此提出了社会保障改革新五项原则。

（1）坚持普遍性原则，以满足所有公民的社会保障需求为目标。但是，对于有经济负担能力者，坚持根据收入水平确定个人负担比例，体现收入再分配功能。

（2）坚持公平性原则，解决制度之间、地区之间、工种之间、男女之间在社会保障待遇上不公平的问题，体现给付和负担的公平。

（3）综合性原则。应对老龄化社会，加强制度之间的互相衔接和互补，实现医疗/保健/福利的综合化，公共年金和商业年金的互补，提高社会保障制度的运行效率。

（4）权利性原则。尊重个人权利的原则，应对需求多元化和需求个人化的情形，尊重个人选择和个人决定权利。

（5）效率性原则。确定社会保障资源的合理分配，减少资源浪费，定期对制度结构进行调整和改革，保持制度的高效率运转。[①]

四、百年人生时代："全世代型社会保障"

2000 年以后，少子化、老龄化对日本社会保障制度的持续性发展带来更大的财政压力。首先是人口结构的急剧变化。2019 年，日本 65 岁以上人口达到 3 558 万人，占总人口的 28.1%；75 岁以上人口占比超过 14%，进入超老龄社会。2019 年统计表明，新生儿依然呈现减少趋势，2018 年的新生儿数量（出生人数）为 918 397

① 内阁府．社会保障体制的再构筑——安心生活//日本社会保障審議会勧告．

人，同比减少了 27 668 人；反映每个妇女平均一生中生育子女人数的“总和生育率”为 1.42，同比减少了 0.01；结婚数为 586 438 对，同比减少了 2 万多对，全年每千人中的结婚数为 4.7 对，创下日本第二次世界大战后最低纪录。如何解决人口结构变化和人口急剧减少的问题是进入 21 世纪之后社会保障制度面临的最大挑战。

其次是劳动方式和劳动形态变化。劳动的流动性增加，非正规就业增加。以正式雇佣为基本特征的社会保险制度能否保证保险费用的征收、基金积累是一个新的课题，如何保障社会保险财政的持续性是进入 21 世纪以后面临的最大挑战。

最后是国民生活和经济发展状况的变化。一是老年人的增长带来的老年人福利需求增长。二是为了改善育儿环境提高生育力，不得不增加对养育儿童家庭的社会津贴以及福利服务等。三是经济发展持续处于低增长水平，而国民生活对社会福利服务需求量却不断增长带来的矛盾。为了保证社会保障制度的持久性和公平性，社会保障制度在理念和制度结构调整上必须有创新和新思维。

2018 年，安倍政府提出社会保障向未来投资以及建构“全世代型社会保障”体系的战略计划。具体的政策举措是大胆推行“终身不退休”新理念，试图从生育、教育、医疗、福利、金融等多个维度降低老龄化和人口结构变化对社会发展带来的风险与冲击，最终建立一个“全世代型社会保障”体系。

进入少子老龄化时代之后，社会保障制度改革所折射出来的新思维可以归纳为以下五点。

第一，强调社会保障再分配功能以及人的生产性，有生产能力者可以终身就职贡献社会。通过社会保障制度的再分配功能，将有生产能力者的所得收入包括资产收入向无生产能力者进行转移，这是对至今为止社会保障制度强调对老年人的生活予以保障的理念进行的重大修正。不再简单地以年龄作为标准，而是在尊重年龄标准的基础上附加是否具有劳动能力，采用双重标准进行评价。

第二，强调代际之间在社会保障负担上的公平性。通过减少不同社会保障制度之间、年龄阶段之间、地区之间、男女之间、职业之间的差距，使社会保障公平理念更具体化、更具有实操性。

第三，推进“小政府、大社会”理念，强化社会保障的互助共济功能，弱化国家在承担社会保障财政上的责任。具有代表性的是2017年推行实现经济发展和社会保障支出之间的平衡机制，例如，经济发展水平与社会保障支出之间的自动浮动制度，即经济发展水平提高，社会保障给付水平相应上升；反之，降低给付水平。这将政府从沉重的社会保障财政负担中解脱出来。

第四，由国家保障体制向公私混合共济互助体制转换。传统意义上的社会保障制度是国家责任和政府财政支持，排斥市场原理。而近年来改革的重点始终是在试图寻求一种社会成员共同负担、共同参与的共济互助分担机制。

第五，进入21世纪以后，日本政府有计划地引导企业年金和个人年金进入政府主导的公共年金体系，以作为公共年金制度的补充。由此逐渐形成了以政府主导的公共年金为主，政府监控下的私人年金为辅的混合机制。改变了在职职工为退休职工买单的保险型社会保障结构，通过推进保险和税一体化改革，调整不同年龄层、不同收入层在承担社会保障费用负担上的不均衡，实现社会保障负担的代际公平。

社会保障制度改革同时推动了其理论的多元化发展。例如，部分学者提出，社会保障的国家责任需要从以往的绝对概念进入相对概念，在强调国家责任理念的同时，还要不断强化互助共济和个人自立的理念。即政府的公助、社区与互助团体的互助、家庭与个人的自助之间形成一个协调平衡机制。另外，在保障“最低限度生活水平的权利”的同时，更需要强调尊重个人选择和个人决定权利等。

总之，日本社会保障制度和理论发展在70余年的时间里，顺应时代潮流，经历了几次重大政策调整。每次的选择都与日本经济结构、社会结构以及人口结构的急剧变动有极大关联，同时，与日本政党交替中所凸显的福利政治理念也不无关联。尤其是以安倍政府为代表的强权体制，集中反映了新自由主义经济思潮的经济优先和保护资本利益的立场。

第一章

社会保障财政

社会保障财政不仅在社会再分配环节中扮演重要角色，而且在促进经济发展中的作用也举足轻重。日本社会保障财政运作基于国家责任和互助共济的基本原则，同时重视社会保险权利与义务相结合的原则。日本的社会保障财政政策以及政治取向，既汲取了以美国为代表的新自由主义“小政府、大社会”的政策取向，也有欧洲福利国家提倡的大福利背景。其财政运作既重视社会保险互助共济的基本功能，又不时以税收政策和社会福利服务来弥补互助共济功能中再分配功能的不足。日本在不同的发展阶段注重汲取经济发达国家经验之长，并巧妙地将其融合在本土制度体系当中，使它的社会保障财政制度具有多元化的特征。此外，社会保障财政预算和决算，受制于各个政党和政治团体的执政理念和政治运作，迫使它不得不在政党激烈的角逐中，争取其财政的独立和财政公平运作。上述各种因素赋予了日本社会保障财政诸多特征。

第一节　日本社会保障财政

以自民党为代表的政治保守派始终强调经济发展第一，政党的社会保障财政政策坚持中负担、中福利，力图避免北欧模式的高负担、高福利。而以民主党为代表的在野党则主张国民生活第一，反对经济优先，青睐高福利、高负担，强调对国民生活进行全方位保障。社会保障财政始终是政党争取选民的工具，也是政党利益角逐的焦点。鉴于长期以来日本自民党一党独大、常年占据执政党地位，自民党推崇新自由经济“小政府、大社会”的基本思路，代表了社会保障财政政策的主流方向。

日本与其他发达国家的国民负担率相比，一直处于低位，而社会保障负担率则呈偏高趋势。同时，在提供社会服务的数量和种类上也远远低于其他发达国家。从文化背景上看，在国民意识当中大多数人认为生活保障问题，首先需要家庭和个人的努力，其次才是依靠政府和社会的支持，家庭主义观念依然浓厚也是影响社会保障财政政策选择的因素之一。以往大家比较多地关注来自经济发展波动方面的影响，事实上人口发展、人口流动以及区域之间经济社会发展不均衡等因素也直接冲击着社会保障的财政收支状况。

一、社会保障财政支出与国民负担

（一）国民收入总额与社会保障总支出比重变化

国民收入总额与社会保障支出的比重变化，反映了社会保障给付水平与国民对社会保障费用负担的相互关系，从两者比重变化中也可看出日本社会保障财政总量不足的状况。关于社会保障支出口径的界定，日本参考国际劳工组织（ILO）标准，包括年金、医疗保障、护理保险①，还包括社会救助、社会福利等社会保障支出的总额，但不包括社会保障运行管理费用。

① 护理保险即日文语境下的介护保险，本书中用中文语境的“护理”替代日文语境下的“介护”用词。有关概念分析见第五章。

中国学者曾经对日本社会保障支出变化过程有过以下评述：1970 年以来，日本社会保障支出水平已经超过最优化支出水平，之后的社会保障支出一直处于超限状态。[①] 这一观点不无道理，但是并不客观。以下对表 1-1 展示的 1970 年以来，以 10 年为节点的国民收入总额与社会保障支出的比重变化做具体分析。[②]

表 1-1　国民收入总额与社会保障支出比重变化

年度	1970	1980	1990	2000	2010	2018	2019	2020
国民收入总额（兆日元，A）	61.0	203.9	346.9	386.0	361.9	414.1	423.9	415.2
社会保障支出（兆日元，B）	3.5	24.8	47.4	78.4	105.4	121.3	123.7	126.8
B/A（%）	5.77	12.15	13.67	20.31	29.11	29.29	29.18	30.5

资料来源：根据 2016—2021 年版日本财务省《社会保障について》之“社会保障給付と負担の状況”制作。

如表 1-1 所示，20 世纪 70 年代国民收入总额为 61.0 兆日元，社会保障支出 3.5 兆日元，社会保障支出占国民收入总额的比例为 5.77%，未对国家财政产生任何压力。社会保障支出所占比重低的主要因素是年金处在耕耘期，没有进入收获期。法律规定领取国民年金[③]的基本条件是参保 25 年以上，而这一时期参保时间最长者是 10 年，所以将这一时期的社会保障支出作为最优化支出水平来评价有失客观。

但是，正如前章所述，从 20 世纪 70 年代开始日本各界追逐“从

① 李素素．日本财政社会保障支出结构及对我国的启示［J］．当代经济，2016（28）．

② 日本政府财政统计中使用年度概念，即每年的 4 月 1 日开始到下一年的 3 月 31 日结束为一个年度；本书日本统计数据所涉年度、年多指这一时间范围；需要说明的是，本书多处数据存在不绝对相等的情况，原因有二：一是引用的日本官方数据即如此；二是四舍五入所致。

③ 国民年金又称国民基础年金，为了表述统一，以下统称国民年金。

摇篮到坟墓”的福利国家梦想，朝着高福利、高负担财政模式发展；进入20世纪80年代以后，社会保障给付规模出现快速扩展，1980年社会保障支出占国民收入总额的比例也快速上升为12.15%。也可以说如果没有20世纪70年代以后的“大跃进”时期，日本的社会保障财政或许不会出现现今负债累累的情况。从20世纪80年代后期开始，日本开始意识到追逐福利国家梦想会带来财政重压，为了抑制社会保障财政支出飙升的趋势，日本推出了“日本型福利”发展规划，积极进行削减社会保障财政规模的改革，降低社会保障总给付水平。

1990年社会保障支出为47.4兆日元，占国民收入总额比例为13.67%，在很大程度上控制住了社会保障在社会总支出中快速增长的比例，但是从总量上持续不断削减社会保障总支出，必然招致国民以及在野党对执政党的反对。所以，以降低社会保障水平为目的的“日本型福利”发展规划也因此受到批判、遭遇挫折。执政党为了赢得选票不得不继续高举建设福利国家的大旗，对社会保障支出进行有限的抑制，因此从总量上削减社会保障支出的改革遇到瓶颈。此外，20世纪90年代以后，日本经济仍然走不出低谷，除了经济因素之外，少子老龄化问题凸显，人口结构、家庭结构及就业结构的变化，使社会保障财政面临的问题复杂化、多样化。上述问题也直接导致了社会保障财政支出出现居高不下的局面。这种财政收支结构失衡、支出大于收入的状况，仅仅依靠由国家压缩社会保障财政预算的传统思路已经难以解决，需要综合与结构性的社会政策来调节。此外，年金和医疗保险的参保者从缴纳保险费的积累时期进入受益时期，享受年金给付的老年人骤然增加。如何保持财政收支结构平衡，防范社会保障财政危机，成为20世纪末备受日本社会关注的重要议题。

（二）人口结构转换对社会保障财政的压力

20世纪90年代以后，人口老龄化问题更加突出。根据1950—2018年国势调查数据，20世纪90年代开始老龄化问题开始显现，进入21世纪以后老龄化增长进一步加速，其社会保障支出占国民收入总额的比例也在加速。1990年老龄化率为13.67%，2010年迅速突破到23.0%，2019年为28.4%。[①]

此外，经济长期低迷以及各种自然灾害和社会问题带来的社会救助人口规模增长，导致社会保障财政支出又进入了快速增长时期。2010年社会保障支出为105.4兆日元，占国民收入总额的比例为29.11%；2018年社会保障支出121.3兆日元，占国民收入总额的比例为29.29%；2020年国民收入总额415.2兆日元，而社会保障支出达到126.8兆日元，占国民收入总额的比例为30.5%，打破了纪录。[②]

进入21世纪以来，加速社会保障支出增长的主要因素是国民收入、国民经济增长速度以及人口结构出现失衡。其中，少子老龄化、长寿化、非婚化等也是一个重要的社会性因素。进入21世纪以来，日本吸取以往从经济收支总量上控制社会保障收支平衡局限的教训，积极探讨通过政治、经济、人口、文化多方位的改革，用综合政策缓解社会保障财政支出大于收入的压力。

二、国际比较中的日本社会保障财政

（一）老龄化与社会保障财政支出规模的国际比较

日本出现了欧洲发达国家没有经历过的老龄化快速发展模式，

① 日本内阁府《高龄社会白皮书》2020年公布数字。

② 根据2016—2021年版日本财务省《社会保障について》之“社会保障給付と負担の状況”制作。

在处理老龄化发展和社会保障财政支出压力的矛盾中，进行了艰辛且有意义的探索。从 20 世纪 80 年代后期开始，尝试探索如何使用最少的资源，以达到最大的老龄化政策绩效的路径。自民党推行以公助、互助、自助为基本的社会共同负担模式，即国家、社区、家庭责任分担、同舟共济，重点强调老人护理的家庭责任，其主要目的在于抑制因老龄化快速发展对社会保障财政带来的冲击。自民党推行的缩小国家预算，利用社会资源的政策不断遭到在野党政治家和社会政策学者的抨击，但是自民党的这项政策在抑制老龄化导致社会保障财政迅速膨胀问题上取得了一定效果。

表 1－2 显示，从老龄化率和社会保障给付规模的国际比较数据可以看到，日本 1980—2015 年的老龄化率上升大约 17％，其他发达国家从未出现如此急剧变化的人口结构。但相比其他国家的社会保障支出占 GDP 比重的变化，日本 35 年间大约上升 11.9％，变化幅度被控制在最小范围。英国和美国 35 年间老龄化率上升大约 3％，而社会保障支出占 GDP 的比重则上升了 6％。1980—2015 年，法国老龄化率上升 5％，而社会保障支出占 GDP 比重的上升幅度与日本大致相同，在 12％左右，但是日本老龄化率上升速度远远高于法国，突破了 12％。德国在保持两者水平的平衡上控制得较好，老龄化上升 5％左右，社会保障支出占 GDP 比重控制在 3％左右。可见，日本面临的由老龄化带来的财政负担问题具有自身特征。

（二）国民负担率的国际比较

国民负担率是一个国家在一定时期（通常为一年）内的税收总额占国民收入总额的比例，是考察政府财政负担轻重程度的指标之一。国民负担率等于租税负担率加上社会保障负担率；潜在国民负

表 1-2　老龄化率和社会保障给付规模的国际比较

（%）

年份	日本		美国		英国		法国		德国		瑞典	
	老龄化率	社会保障支出占GDP比重	老龄化率	社会保障支出占GDP比重	老龄化率	社会保障支出占GDP比重	老龄化率	社会保障支出占GDP比重	老龄化率	社会保障支出占GDP比重	老龄化率	社会保障支出占GDP比重
1980	8.9	10.0	11.6	12.8	15.0	15.6	13.9	20.1	15.6	21.8	16.3	24.8
1985	10.1	10.8	12.1	12.6	15.2	18.2	12.7	25.2	14.6	22.2	17.3	27.0
1990	11.9	10.9	12.6	13.2	15.8	14.9	14.0	24.3	14.9	21.4	17.8	27.2
1995	14.3	13.3	12.7	15.1	15.9	16.7	15.1	28.3	15.5	25.2	17.5	30.6
2000	17.0	15.4	12.3	14.3	15.9	16.2	16.0	27.6	16.5	25.4	17.3	26.8
2005	19.7	17.2	12.3	15.6	16.0	18.3	16.5	28.7	18.9	26.2	17.3	27.3
2010	22.5	21.3	13.0	19.4	16.6	22.4	16.8	31.0	20.5	25.9	18.2	26.3
2015	26.0	21.9	14.6	18.8	18.1	21.6	18.9	32.0	21.1	24.9	19.6	26.3

资料来源：日本财务省统计局 . 2020 年我が国の財政；OECD. Social Expenditure Database. United Nations：World Population Prospects 2017.

担率等于国民负担率加上财政赤字对国民收入的比值。图 1 - 1 显示了主要发达国家国民负担率与潜在国民负担率的指标。

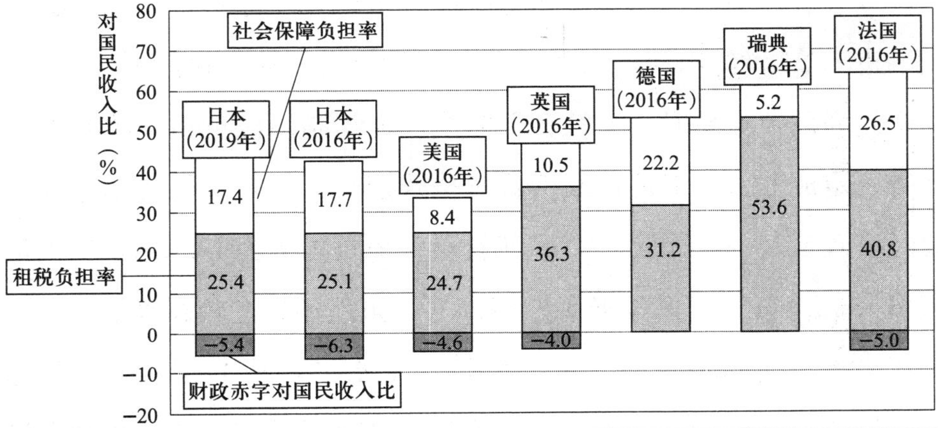

国民负担率（与GDP比值）	42.8(32.0)	42.8(31.2)	33.1(26.3)	46. 8(34.3)	53.4(39.9)	58.8(37.6)	67.2(47.7)
潜在国民负担率（与GDP比值）	48.2(36.1)	49.1(35.8)	37.7(30.0)	50.9(37.2)	53.4(39.9)	58. 8(37.6)	72.2(51.2)

图 1 - 1　国民负担率与潜在国民负担率国际比较

资料来源：根据日本财务省 2019 年公布的“国民負担率の比較”相关资料制作。

通过国际比较看到，法国的租税负担率、社会保障负担率都呈现较高的趋势，国民负担率高达 67.2%，加上隐形债务潜在国民负担率达到 72.2%，在 6 个发达国家当中是国民负担最重的国家。瑞典租税负担率虽然占首位为 53.6%，但是社会保障负担率却仅有 5.2%。另外，瑞典推行现收现付的税制负担方式，所以不存在潜在国民负担率问题。德国社会保障财政运作和政治环境相对稳定，基本没有债务负担，其租税负担率为 31.2%，社会保障负担率为 22.2%，潜在国民负担率为 53.4%。美国推崇市场经济功能在社会保障领域中的作用，因此美国社会保障负担率仅有 8.4%，国民负担率为 33.1%，潜在国民负担率为 37.7%，是社会保障负担率和国民负担率较低的国家。英国社会保障负担率为10.5%，租税负担率为36.3%，国民潜在负担率为46.8%，潜在国民负担率为50.9%，处于低福利、低负担的美国和高福利、高负担的瑞典的中间状态。

进入21世纪以后，面对少子老龄化带来的社会保障财政压力，执政党强调“小政府、大社会”路线，在控制国民负担率的政策上获得一定成效。特别是在安倍晋三执政期间，将降低负债率作为重要经济政策之一，因此，2019年社会保障负担率为17.4%，租税负担率为25.4%，国民负担率为42.8%，虽然还处在较高水平，但与2016年相比，没有出现上升，维持原来水平，基本控制了上升趋势。另外，2016年政府财政赤字对国民收入比为6.3%，经过安倍政府大刀阔斧削减财政赤字，在压缩债务规模改革上取得一定的效果，2019年降为5.4%。尽管如此，日本依然是6个发达国家中负债率最高的国家。

表1-3显示了日本、美国、德国包括社会保障债务负担在内的国家纯债务状况。日本是发达国家中债务最高的国家，虽然采取了强有力的控制债务上升的举措，在一定程度上抑制了快速上升趋势，但是鉴于日本老龄化问题的不断深化以及自然灾害频发，其国家债务仍然呈持续上升趋势。2011年国家纯债务占GDP比重为142.4%，2016年增长幅度上升，到2020年已经上升到154.2%。美国自2016年以来采取控制国家债务上升措施，国家纯债务开始呈现逐渐下降趋势，2020年下降到79.0%。德国在发达国家中债务水平最低，2011年占比为59.2%，2016年以后呈逐渐下降趋势，到了2020年已经下降为35.6%，保持了最佳的状态。从三国比较中看到，如何从根本上解决社会保障的债务以及国家债务负担问题，

是日本今后面临的重要课题。

表 1-3 日本、美国、德国政府纯债务占 GDP 比重 (%)

年份	2011	2012	2013	2014	2015	2016	2017	2018	2019	2020
日本	142.4	146.7	146.4	148.5	147.6	152.9	154.9	155.7	154.8	154.2
美国	76.5	80.5	81.3	80.8	80.5	81.2	78.8	77.7	77.9	79.0
德国	59.2	58.4	57.4	54.2	51.2	48.2	44.9	41.5	38.3	35.6

资料来源：https：//finance-gfp. com/ # st-toc-h-1.

注：政府纯债务指从政府总债务中减去政府持有的金融资产的剩余部分，金融资产指年金积累基金以及外汇储备等。

三、社会保障基金管理

（一）社会保障财政管理机构

日本社会保障财政管理采取三权分立、风险共同承担方式。三权分立是指财政管理由中央政府、地方政府、社会保障基金三家权力机构责任分担、共同管理（见图 1-2）。

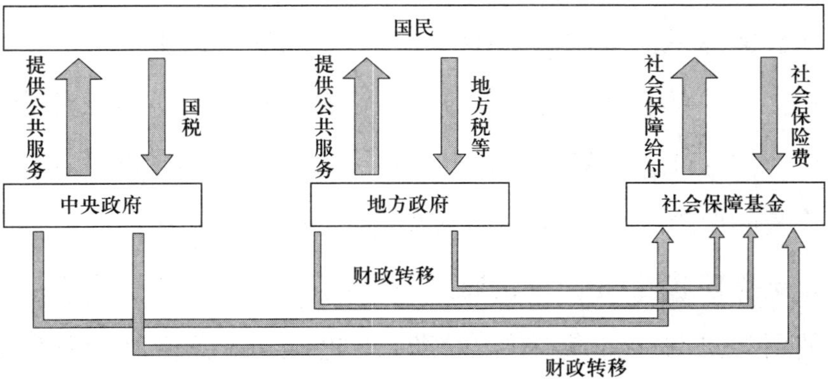

图 1-2 社会保障财政管理结构示意图

资料来源：参考日本财务省相关资料制作。

社会保障财政管理流程和具体分工归纳如下。

中央政府在社会保障财政负担上承担主要责任。中央政府根据法律规定将国税收入的一部分通过财政转移交付社会保障基金管理，国家承担的国民年金给付以及公共服务所需要的现金给付等财政资金，通过国家预算方式提交社会保障基金审核，由社会保障基金根据审核决定的财政预算交付中央政府社会保障事务执行机构。总之，中央政府有关社会保障财政的收支，一并交付社会保障基金统筹运作。在具体事务承担上，中央政府主要负责年金的预算、决算等特别会计和社会保险在特别会计方面的决策和资源调配，以及监督社会保障基金的事务管理公平和效率等。

地方政府指都道府县以及市町村基层行政组织。与中央政府相似的流程，地方政府将地方税的一部分通过财政转移方式交付社会保障基金进行统筹管理运作。地方政府承担的国民健康保险、后期高龄者医疗制度①、护理保险以及提供公共服务所需要的财政资金，通过提交预算方式向社会保障基金申请预算，由社会保障基金根据审核决定的预算交付地方政府社会保障事务执行机构。

社会保障基金是介于“官”与“民”之间的独立行政法人组织。它接受的财源分为两大部分，一部分是中央和地方政府交付的以税金为主的社会保障财政资金，另一部分是各项年金和医疗保险机构收缴的保险费。它既要对各级政府负责，又要对以民间为主体的社会保险机构负责。它通过专业团队将政府和社会保险机构交付的财源进行专业化运作和管理。此外，还接受社会保险业务联合机构的委托业务，同时还对社会保险机构的业务进行指导和监督。

社会保险业务联合机构包括以下组织：（1）特殊法人，主要指

---

① 日本将65～74岁老年人称为前期老年人，75岁及以上老年人称为后期老年人。后期高龄者医疗制度主要保障后期老年人及65～74岁有残疾证明的前期老年人。

被政府认可的法人组织、各种保险共济组织、各种保险基金；（2）独立行政法人，掌管年金基金的管理和市场的运作等；（3）健康保险共济组织，主要指各个行业的健康医疗保险基金等。

中央政府、地方政府、社会保障基金三大体系相互独立、有各自分工，有关社会保障费用的收入和支出都集中在社会保障基金这一个窗口，但是它在分配和运作时又必须在中央政府和地方政府直接操作的国民经济年度财政预算的制约之下，具体运行和操作。

（二）社会保障基金与中央政府、地方政府的年度资金支出状况

近年来，社会保障基金的支出额度远远超过了中央政府和地方政府的日常财政支出，所以，社会保障基金常被人们称为第三政府。表 1－4 显示了 2000 年、2005—2014 年中央政府、地方政府、社会保障基金的资金支出状况，2000 年由中央政府口径支出的日常财政为 92.7 兆日元，地方政府为 71.8 兆日元，社会保障基金 72.9 兆日元，社会保障基金口径支出金额第一次超越了地方政府财政支出。从 2005 年开始，社会保障基金的支出第一次超越了中央政府，当年中央政府口径财政日常支出为 80.7 兆日元，社会保障基金口径支出为 82.7 兆日元。从 2005 年以后社会保障基金口径的支出一直高于中央政府和地方政府居第一位，在日本经济发展以及社会保障运作中具有举足轻重的作用，占有重要的经济地位。

表 1－4　　国民经济一般部门支出状况比较　　单位：兆日元

年度	2000	2005	2006	2007	2008	2009	2010	2011	2012	2013	2014
中央政府	92.7	80.7	79.7	75.9	81.0	90.1	87.2	92.5	90.9	92.7	91.7
地方政府	71.8	71.3	71.9	72.9	72.7	76.5	76.3	77.0	77.4	77.1	78.9

续表

年度	2000	2005	2006	2007	2008	2009	2010	2011	2012	2013	2014
社会保障基金	72.9	82.7	82.7	85.1	87.3	92.1	94.9	96.5	98.1	99.5	100.4
合计	237.4	234.7	234.3	233.9	241.0	258.7	258.4	266.0	266.5	269.3	271.0

资料来源：引自日本内阁府发布的2019年“国民経済計算”。

（三）社会保障基金运作方式

目前各个国家对社会保障基金进行管理，主要的运作方式有三种：第一，基金会直接运作管理；第二，委托商业保险以及金融机构代管；第三，政府直接管理。

以2001年社会保障基金运作机构改革为界，基金管理方式出现大的变革。2001年之前，日本采取了第一种方式和第三种方式的组合，即管理权限在政府，而经营权在作为独立行政法人的基金会（GPIF），参考图1-3。

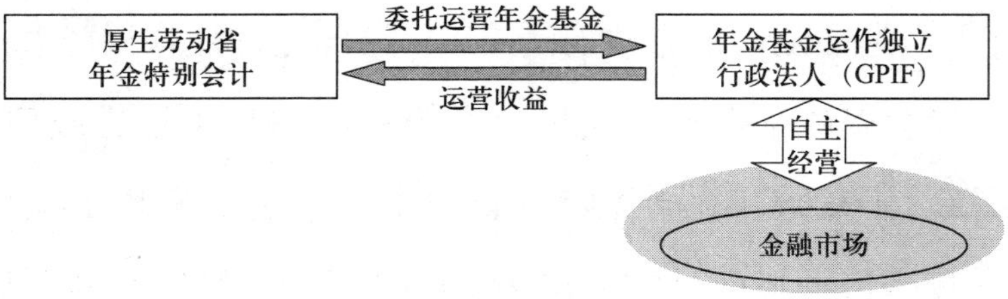

图1-3　2001年之前的社会保障基金运作方式

资料来源：参考日本内阁政府发布的社会保障相关资料制作。

2001年以前，厚生劳动省统一掌管年金的收支，对基金经营管理具有最终裁决权。通过委托的方式，将缴纳的保险费交由厚生劳动省直属机构的年金基金独立行政法人托管，由其投入金融市场进行自主经营。产生的收益交付厚生劳动省，如果经营失败托管机构不负主要责任，亏损部分由国家财政填补。这种由政府直接承担管理责任的方式，不仅不利于基金的市场化操作，亏损部分也使政府背负巨大的经济责任，因此经营状况一直不佳。

图 1-4 显示了 2001 年进行改革之后的运作方式。这是前述第一种和第二种运作方式的组合。2001 年日本修改《年金法》，将中央政府对于基金经营管理的最终裁决权移交给独立经营行政法人，有关经营的管理和裁决权与经营者的经营权统合，放权之后的运行模式是由厚生劳动省参与制度设计、对社会保障基金运作绩效进行核查，以及制定中期经营计划和目标。通过对经营业绩进行评价和评估，提出改善经营意见以及调整经营阵营。独立经营行政法人基金会承担对年金基金运作和管理的责任。独立经营行政法人内部设置经营委员会、监察委员会、执行部门，执行部门选定委托银行、委托规模和投资顾问公司，由行政法人自己决定基金规模和运作方式。改革后的运作方式的特点是政府不再直接参与管理，减少行政干预，权力交付独立经营行政法人实行专业化运作和管理；政府确定收益计划和目标，独立经营行政法人依照计划缴纳资产运营的收益金额。

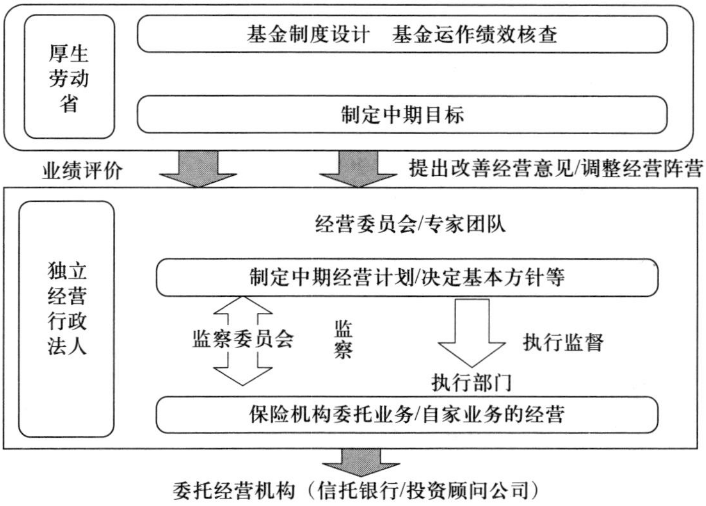

图 1-4　2001 年以来的社会保障基金运作方式

资料来源：参考日本内阁政府发布的社会保障相关资料制作。

（四）社会保障财政管理的特征

第一，社会保障财政管理和运作实行三权分立、责任分担、相互监控的机制。但是，其社会保险财政最终是要回归到被保险人或者利用公共服务的个人，所以，社会保险费用具有私人性的一面，政府对收缴的社会保险费用采取由各家保险人自治管理方式，不做过多干预。

第二，政府作为媒介，通过政府平台将征收的社会保障费用进行收入再分配和收入转移。例如，医疗保障费用，它不仅在垂直性转移和代际转移上有重要的再分配功能，在快速老龄化时代，身体健康的人群与身体虚弱的人群之间的医疗保险费再分配效果也非常明显。

第三，它由不同性质、不同目的的财政来源混合构成，即保费制与税制的混合。例如，个人投保、企业投保、政府税收、资产运营收益等，具有多元性。同时，在确定给付对象和给付标准上也体现了多元性和多层次性的特征。

第四，实行社会保障费用预算制度，根据预算调节年金、医疗、护理缴费和给付标准，维持收支平衡。此外，社会保障财政在运作过程中，特别强调负担的公平性、财源安定性、资源分配有效性的原则。但是，由于追求精致的公平性，财政收支和再分配制度过于复杂，所以在操作层面上就需要具有高水平技能的专业人员，社会成本比较高。

第二节　社会保障财政结构

一、社会保障财源构成

（一）社会保障财源构成与政府负担比例

社会保障财源由社会保险费（简称保险费）、中央政府财源、地方政府财源、资产运营收入四部分构成。如图 1－5 所示，保险费收入大约占社会保障财源总额的 60％；中央政府财源即由中央财政出资部分大约占 20％，主要源于中央税收；地方政府财源主要源于地方税收，大约占 10％左右；最后一项是社会保险的资产运营收入，大约占 10％，由于资产运营收入受金融市场左右，变化幅度比较大，往往成为决定总收入变化幅度的主要原因。

日本社会保险费财源构成和负担方式等的结构比较复杂，下面介绍最主要的构成内容。国民年金财源构成是保险费和国家即中央财政各自负担 1/2。国民健康保险则是保险费和政府财政折半负担，各自为 1/2，其中，政府财政负担中，中央财政负担 41％，都道府县地方财政负担 9％。后期高龄者医疗制度是保险费和政府财政各自负担 1/2，而政府财政中，中央财政负担 1/3、都道府县和市町村各自负担 1/12。护理保险也是保险费和政府财政各自负担 1/2，政府财政中，中央财政负担 1/4、都道府县和市町村各自负担 1/8。失业保险是保险费负担 3/4，这一部分保险费由雇主和雇员（劳资）折半负担；中央财政负担 1/4。以中小企业雇员以及家属为主要对象的健康保险是保险费占 83.6％、中央财政占 16.4％。大企业以及公务员、教职工等为主要对象的健康保险（组合）、灾害保险、共济年金①，以及厚生年金等政府不提供财政援助，由雇主和雇员折半负担。

在政府负担的社会保障财源当中，用于国民年金给付的比重最高，几乎占据政府财政投入的 1/3，其重点是低收入老年人群体。

---

① 共济年金是早期创立的企业年金制度，给付对象仅限于早期参保者。具体制度内容参照企业年金一节。

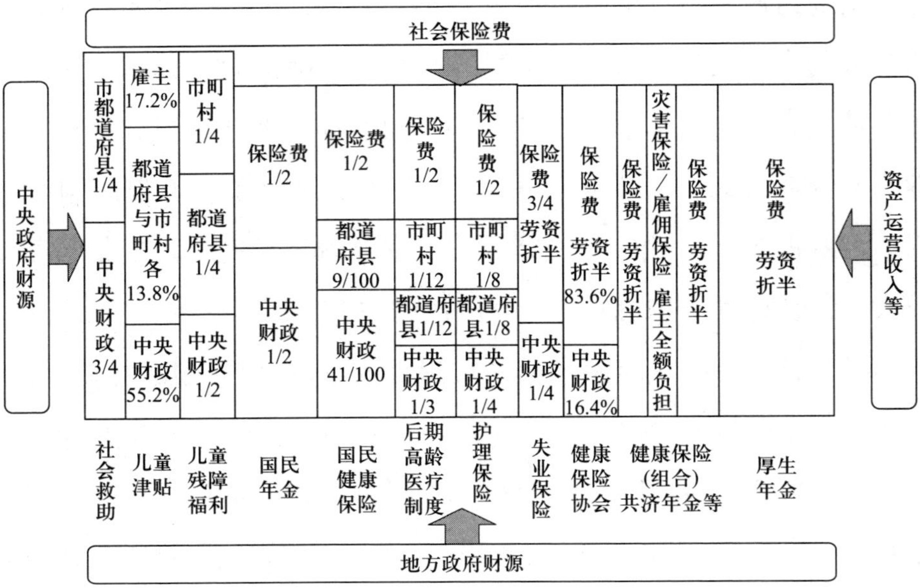

图 1－5　社会保障财源构成

资料来源：参考日本财务省发布的 2019 年“社会保障について”相关资料制作。

其次占用政府财政资金较多的是医疗保险给付，在医疗保险的给付中，大约有 50％的资金是用于国民健康保险，重点是低收入群体、在日外籍劳工家属和留学生等。此外，政府财政对护理保险以及失业保险的支持力度也很大。社会保险资产运营收入的部分，主要用于其他与社会保障项目有关的开支。

社会救助和社会福利主要依靠政府财政投入，社会福利费主要用于给付残疾人、儿童等特殊群体的福利费用，也包括老年人福利的一部分费用，但是不包括老年人的护理保险费用和医疗保险费用，这部分费用由老年人各自参加的医疗保险和护理保险给付。在政府财政负担的社会救助和社会福利费用中，中央政府和地方政府有严格的负担比例分工。在社会救助的财政负担中，中央政府负担 3/4，地方政府负担 1/4；在社会福利费用财政负担中，则根据社会福利制度、对象的不同，负担比例各异。例如，对儿童给付的津贴，中央政府承担66.2%，都道府县和市町村各自承担13.8%，儿童家长就业的企业也要承担7.2%。从儿童津贴制度上的财源分担方式可以看出，企业承担的比重之大，在其他国家社会保障制度体系中是不常见的。

（二）社会保障财源收入与支出

2018年社会保障费用为121.3兆日元，占GDP的21.5%。其中，年金费用56.7兆日元，占GDP的10.1%；医疗保险费用39.2兆日元，占GDP的7.0%；护理保险费用10.7兆日元，占GDP的1.9%；包括儿童、残疾人福利等的其他部分费用14.6兆日元，占GDP的2.6%。预计进入2025年以后，社会保障费用所占GDP比例与2018年相比将增加1.14倍，其中，年金费用增加1.1倍、医疗保险费用增加1.2倍，护理保险费用增加1.4倍。预计进入2040年以后，社会保障费用进一步增长，与2025年相比增加1.22倍，年金费用增加1.2倍；医疗保险费用1.4倍，护理保险费用增加1.7倍。其中，护理保险费用的增长幅度最大，其次为医疗保险费用，年金费用增长速度减缓。

据日本财务省公布，在今后的社会保障财源构成中，中央政府与地方政府的财政负担比例将会逐渐增长，保险费负担比例将会逐渐减少，见图1-6。2018年保险费的GDP占比为12.4%，2025年上升到12.6%，2040年预计上升到13.4%。政府财政负担2018年GDP占比为8.3%，2025年为9.0%，2040年以后预计超出10.1%，政府财政负担增长速度高于保险费财源增长速度。今后政府财源负担的压力会越来越大。

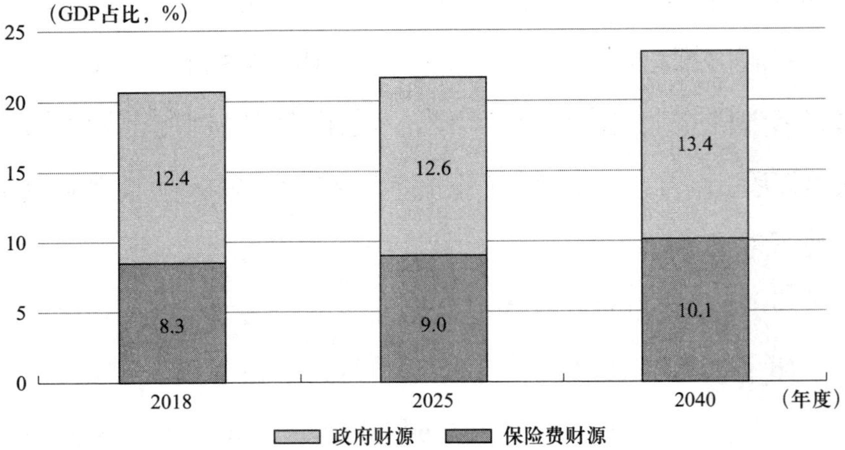

图 1-6　政府财政和保险费财源负担预测

资料来源：参考日本财务省发布的 2019 年“社会保障について”相关资料制作。

二、中央与地方的社会保障财政

(一) 中央财政

由政府负担的社会保障财政的主要来源是税收。日本的税收财源集中在中央政府层面上，这也是中央集权的政治经济体制带来的必然结果。这一体制虽然有利于中央政府以雄厚的财力加强对经济的宏观控制，但是地方政府财政支出中社会保障费用支出占较大比重，特别是对于经济发展滞后的区域，由于没有经济实力承担所规定的财政分担比例，无力承担部分需要中央财政兜底，造成了对中央财政的高度依赖。为了平衡地区之间的不公平，中央财政通过三种方式向地方政府进行财政转移。

第一，地方交付税[①]。地方交付税由所得税、法人税以及酒

① 地方交付税是日本税收制度中采用的以调节控制地方经济和收入差距为主要目的的财政管理方式。具体方式是中央政府代替地方政府征收一定比例的所得税、法人税等，而后根据各地方政府的财政状况进行分配的制度。

税收入的 32%，消费税收入的 29.5%以及烟税收入的 25%构成。中央政府推行地方交付税转移的目的是维护贫困地区在享有社会福利资源分配上的公平性，提供与其他经济发达区域同等水平的公共服务，所以对地方交付税不指定用途、不附加转移条件。

第二，国库支付金。中央采取直接拨款的方式交付各地方政府，原则是专款专用。

第三，地方让与税。它与国库支付金的政策目标相同，为了实现中央政府的经济政策以及社会政策目标而实施的转移支付，规定明确的使用用途，其用途主要体现对国民的生活保障，中央和地方政府共同实施资金的监督管理。

除了中央财政转移之外，在社会保障财政负担上，中央和地方政府之间还有税源划分的制度安排。在税的分类中划分为中央税、地方税以及中央与地方共享税。中央税包括所得税、财产税和消费税，地方税包括事业税、居民税和固定资产税，共享税是由中央和地方政府根据达成的协议共同课税、共同分享。但是，税收的初次分配比例基本是中央政府 70%、地方政府 30%。日本称这种财政制度体系是三分自治、七分集权。

（二）中央财政与地方财政的关系

在社会保障财政负担上，中央政府与都道府县和市町村的各级政府之间，依照法律规定有明确的责任分工，政府间事权划分强调的是责任而不是利益。地方政府在社会保障财政和提供公共服务上，承担着重要的职责。

地方政府为了获得中央政府的财政转移，需要提出事业计划和财政预算计划，中央政府根据提交的计划，适度调整财政转移的幅度。所有的财政转移都严格依照提交的预算和事业计划实施，同时，中央政府和第三者监督机构需要对地方政府的计划实施进行评定和验收，根据政绩决定下一年的财政转移幅度。中央、都道府县、市町村三级政府之间的关系，通过社会保障财政的分配和转移，形成一种合作和互相监督的机制。①

日本社会保障财政运作社会成本低、社会绩效好这一特征获得国际社会高度评价。首要的经验就在于中央和各级地方政府之间事权的划分重视责任分担，而不是强调维护各自利益。其次是社会保障财源分配项目明确、划分细致，并且有计划性。再次是地方政府在财政运作上有一批既熟悉地方问题，又具有极强的财务管理和运营能力的专业官员。最后也是最主要的还是各级政府所追求的目标是基本公共服务均等化，目标一致。所以，公共服务中的教育、公共设施等，其覆盖率很高，服务水准也很高，在国民生存权以及生活权利保障方面，获得了国民较高的认同感。

在社会保障财政事务上，中央政府和地方政府之间推行责任分担制度。表 1－5 显示了三级政府责任。有关年金事务均由中央政府直接操控，主要目的是保障年金给付的安全性、公平性。在保育、护理保险、医疗保险三领域，中央政府的主要责任是财政支持和制定有关制度政策，具体的运行和管理中央政府不再直接干预，放权给地方政府。都道府县的责任是介于中央和市町村之间，承担财政分配的组织和协调，并根据所定比例承担财政负担责任。市町村是

① 志賀真幸．国・地方を通じた社会保障制度改革．総務省自治財政局調整課，2017.

具体提供各项社会保险费用的具体收缴和提供社会福利服务的实体。

表 1-5　　社会保障财政事务的三级政府责任

年金	中央政府：有关年金给付事务
保育	市町村：保育所运营管理 都道府县：财政支持 中央政府：制定各项育儿保育政策，提供财政支持
护理保险	市町村：护理保险事业运营管理 都道府县：协调护理保险事业资源，确保制度健全运行；提供财政支持 中央政府：制定护理保险制度有关政策，提供财政支持
医疗保险	市町村：国民健康保险费用收缴和管理 都道府县：协调医疗保险事业资源，确保制度健全运行；提供财政支持 中央政府：制定医疗保险制度有关政策，提供财政支持

资料来源：参考厚生劳动省发布的有关年金事务资料整理。

表 1-6 提供了更具体、更全面地考察各级政府在财政负担上的具体责任分工的参考素材。如表所示，有关儿童的预防接种、母子保健、儿童保育，以及部分癌症诊断、社区卫生保健所经费、残疾人医疗等基本卫生保健领域，中央财政负担 50%的支出。中央财政投入最多的是贫困救助，占该项总支出的 3/4，其次是国民健康保险，政府财政负担的 50%中，中央财政占 43%。地方财政单独预算项目的财源主要来自地方税收，经济发达生活富裕的地区，税源就比较充裕，公共服务也会比较充实；而税收不充足地区，仅靠地方财政单独预算提供均等化的公共服务比较困难。所以，经济不甚发达的地区，在上述列举的各项公共服务以及贫困救助等各领域，由地方财政单独预算项目所承担的支出，作为中央财政的一种补充形式。为了促进老人福利机构的发展，政府对其建设费用给予补贴。

表 1-6　中央财政提供的补贴项目与地方财政单独提供项目的比较

项目	中央财政补助项目	地方财政单独预算项目
预防接种	预防接种失败事例赔偿（中央财政 1/2）	预防接种（1 110 亿日元）
癌症诊断	子宫癌、乳腺癌（中央财政 1/2）	胃癌、肺癌、大肠癌等（970 亿日元）
社区卫生保健所经费	肝癌检查、HIV 等特定检查业务（中央财政 1/2）	社区保健所经费（2 630 亿日元）
母子保健	母子手册、婴幼儿家庭访问、孕妇健诊（中央财政 1/2）	孕妇/婴儿健康检查（850 亿日元）
儿童福利	儿童津贴、儿童抚养津贴（中央财政 1/3）	儿童咨询窗口（350 日亿元） 婴幼儿医疗费（850 亿日元）
保育所经费	私立认可保育所（中央财政 1/2）	保育所费用、保育费减免（9 700 亿日元）
老人福利机构	特别养护养老机构、老年人保健机构入住费用（护理保险指定机构）护理保险费 50%，中央财政 20%	养护/经费养老机构等（800 亿日元）
残疾人医疗	自立支援医疗费（个人负担不得超过一成，中央财政 1/2）	残疾人医疗费（2 150 亿日元）
贫困救助	贫困救助（中央财政 3/4）	福利事务所（社会工作者，750 亿日元）
国民健康保险	中央/地方定率负担（政府负担 50%，其中中央财政 43%）	对低收入人群补贴保险费用（3 670 亿日元）

资料来源：参考小西砂千夫 2016 年著《社会保障の财政学》相关资料制作。

根据近年来社会保障制度改革的总趋势，正逐渐将现金给付转向通过提供社会服务的实物给付来解决社会保障面临的公共服务不足的问题。特别是在老年人护理以及儿童保育领域，通过社会保障的财政支持，提供低偿或者无偿的社会服务的比重逐年增高。

社会保障服务功能从提供现金向提供社会服务转变的过程中，逐渐加重了地方政府的负担，也意味着今后地方在社会保障财政和事权上将会担负更多的责任。例如，2017 年医疗保险制度改革，将中央掌管的国民健康保险管理权限移交给都道府县地方政府，并建立医疗保险管理独立法人，都道府县政府可根据本地情况自行设定医疗保险的缴费率，不再由厚生劳动省规划全国统一的缴费率。关于社会保障财政是中央集权还是地方放权，学界意见不一。有学者提出应该进一步扩大地方政府的社会保障财务支出和事务管理的权限，有学者提出异议，认为对地方放权过度会进一步拉大区域间的社会保障差距，究竟是哪种形式比较好，尚待今后的实证结果验证。①

第三节　年金财政

根据厚生劳动省每年进行的老年人生活状况调查，年金收入占老年人平均收入的70%左右，日本国民每4人当中就有1人以上享受年金，依靠年金收入维持生活。每年发放的年金给付总额超过国民经济收入的10%以上。年金财政不仅对支撑老年人经济生活具有重要意义，对于国民经济发展和国家经济发展的持续性也有着极大影响。

一、年金财政模式和财政结构

（一）年金财政模式的变迁

年金财政模式是调节年金财政收支平衡的主要手段之一。自1959年推行全民年金制度以后，伴随着日本经济与人口结构的变化，对年金财政模式曾经进行了多次改革。

1960年日本创设国民年金制度时，实行的是完全积累制的财政模式。1966年在提高保险费以及年金给付标准的同时，又将完全积

① 林正义．社会保障分野における地方公共団体の役割［J］．社会保障研究，2017（4）．

累制方式改成积累与现收现付的混合模式。1985 年国民年金制度实施 25 周年，制度规定领取国民年金必须参保 25 年以上，所以，国民年金创建时期加入年金保险的对象，开始进入领取年金的时期。至此之后，年金给付人数年年增加，而年金积累基金却年年减少。国民年金财政入不敷出的难题，导致其面临解体危机。为了避免国民年金积累基金枯竭，确保年金制度的持续性，日本不得不开辟新的财源，1985 年创设的老龄基础年金制度即是为了避免制度出现解体的危机。

老龄基础年金制度的目的是将以工薪阶层为对象的厚生年金参保者的部分保险费资金转移到国民年金的基金池，并将两个相对封闭独立的国民年金和厚生年金体系，通过老龄基础年金制度的实施搭建资金互惠通道，使财源充足的厚生年金基金的一部分资源调剂到国民年金基金池。这次大幅度年金制度改革，解决了国民年金积累基金枯竭危机，以积累制为主、现收现付为辅的财政方式也被维持下来。

但是，进入 21 世纪之后，受到人口老龄化少子化等因素的影响，国民年金积累基金再次面临枯竭的危机，2004 年不得不对年金财政支付方式进行大幅度结构性改革。在年金制度结构改革之前，积累制所占资金比例比较大，随着老年人口增加，年金给付支出远远高于年金保险费收入，年金积累基金严重不足。为了解决国民年金空洞化问题，保证国民年金制度的持续发展，国库提高了对国民年金财政负担比例，由 2004 年之前负担 1/3 改为 1/2。在提高国家财政对年金的负担率的同时，开展了逐渐提高个人年金缴费率的 10 年计划，从 2005 年 4 月开始，国民年金保险费每月提高 280 日元，直到 2017 年 4 月达到 16 900 日元以后，将这个缴费标准固定下来。目前，年金制度仍然保持积累和现收现付混合模式，但两者之间资金所占的比重，根据经济发展状况以及人口结构变化进行灵活调整。但是，2010 年前后，专家团队对年金财政进行预测和测算时，被认为按照目前这个财政模式，仍然难以从根本上解决年金财政枯竭问题，同时，对解决代际负担不公平以及代际再分配政策问题效益不明显，最有效的模式是从积累和现收现付混合制走向完全现收现付制。

2008 年出现的经济危机以及 2011 年关东大地震，不仅给日本经济发展带来重挫，也给年金财政带来了新的风险。最主要的问题是年金缴费率逐年下降，2011 年降至 59%以下，主要是年轻人逃避缴纳年金保险费行为和对受灾地区民众予以减免措施导致。原定 2010 年消费税提高 10%的计划鉴于经济和政治的原因没有如期实施，提高 10%消费税的依据是，预计 2050 年基础年金给付费用将突破 57 兆日元，其中，国库负担 29 兆日元，保险费负担 28 兆日元，如果将国库负担换算成消费税率，恰好是消费税 10%的税收金额。但是保险费负担的 28 兆日元，是否能够如数收缴是一个很大的难题，如果不能收缴上来，最后还要由政府出来兜底。在政府举办的社会保障国民会议的多轮讨论中，专家提出社会保障和税制一体化改革方案，这项方案不仅得到政府认可，也获得经济界支持。经济界支持的原因在于，由企业负担的基础年金保险费 2009 年为 3 兆日元，2015 年为 4 兆日元，预计 2025 年为 5 兆日元，2050 年将突破 10 兆日元，企业负担会越来越重，社会保障和税制一体化改革可以避免加重企业负担，也可以减轻政府财政负担。由此看来，今后的年金财政模式改革，将朝着现收现付制度方向发展。但是，政府和企业减轻的这一部分负担将转嫁到国民身上，国民是否能够承受重负，还要看政策的综合调整是否有效。

（二）年金财政结构

年金财源由三部分构成，即年金保险费、国家财政投入、年金积累金以及其在金融市场运营的收入，坚持保险费收入为主，年金积累金及市场运营收入和政府财政为辅的基本原则。

年金财源收入根据2004年制定的“百年年金”计划实行财政水平固定制，即根据固定的年金财政收入水平决定年金保险费率的负担水平。同时，年金给付金额也根据年金收入水平调节年金给付水平，量入为出实现收支平衡。

根据财政水平固定制的政策构想，在年金制度改革中引进了宏观经济浮动机制，即年金财源收入根据国民经济发展水平会出现增或减，年金给付也将根据年金财源收入的增减调整年金给付标准和规模。对个人来讲它意味着每个人每年的年金额度是不固定的，它将随着经济发展水平以及政府投入的年金财源的收支浮动而增减。

2004年年金基础结构改革以后，年金财政制度设计朝着永久均衡模式和有限均衡模式之间相互调整、相互制约的方向发展。永久均衡模式指根据所制定的年金财政百年计划，确保年金财政财源能够维持到2100年不至于枯竭，保持年金给付制度百年时间内基本不变，同时努力将年金替代率维持在50％左右。有限均衡模式指根据人口结构变化以及经济发展状况调整年金保险费率，原则上根据前五年的年金给付总额的平均值计算当年的缴费率和金额。同时，引进与经济发展水平挂钩的自动浮动机制，国民经济发展水平降低，个人年金给付标准降低；国民经济发展水平提高，个人年金给付标准相应提高。

在上述改革当中，对缴费水准和给付水准计算方式又进行了新的调整，即在宏观经济浮动制度背景下，进一步计算如何扣除应对劳动人口的减少以及平均寿命增加所带来的影响，以更为精确的方法计算缴费的平均水准。

（三）年金给付状况

表 1－7 反映了 2014—2019 年国民年金与厚生年金给付支出状况。从中可以看到，固定制的年金财政结构性改革告一段落之后，2014—2019 年年金给付总额相对稳定在 53 亿～56 亿日元。其中国民年金给付总额每年缓慢上升，这是基于老年人口不断增长带来的支出增加。厚生年金给付总额呈缓慢下降趋势，这是基于劳动力人口减少以及为了保证厚生年金的持续性发展，持续减缓降低厚生年金给付标准所带来的下降趋势。其中，福利年金[①]制度是 1961 年为解决无年金的中老年人创建的过渡性制度体系，在推行近 60 年之后，享受福利年金的对象几乎不存在了，自 2017 年以后，福利年金给付的支出为零。

2014—2019 年，为了减少国家债务，安倍政权加大了削减社会保障财政改革的力度，短期内看到了成效。但是，验证均衡模式改革的成效需要很长的周期，持续性压缩年金财政的措施能否继续，还要看日本社会经济发展和政治走向。

① 1961 年创建国民年金制度当初，对已经进入 50 岁的老年人，到 65 岁领取国民年金之时，参保时间达不到 25 年的对象，实行了福利年金特殊政策。

表 1-7　　2014—2019 年的年金给付支出状况　　单位：亿日元

年度	总数	国民年金	厚生年金	福利年金
2014	534 031	213 040	320 989	3
2015	545 504	221 751	323 751	2
2016	548 355	227 156	321 198	1
2017	554 108	232 642	321 465	0
2018	555 904	236 380	319 524	0
2019	556 262	239 742	316 519	0

资料来源：厚生劳动省年金局发布的 2020 年度“厚生年金保険・国民年金事業の概況”。

注：因四舍五入原因，存在加总不绝对相等的情况。

二、公共年金基金市场运作的种类和原则

日本公共年金基金运作的资金主要是国民年金和厚生年金保险费的积累金，具体计算方式是在确保一年以上的年金给付总支出之后，其余的储蓄积累资金可用于年金基金市场运作。基金运作收入作为年金财源收入的重要部分，其收入用于填补年金财政赤字。

（一）年金基金市场运作的原则与目标

日本在年金基金的市场运作上始终保持谨慎的态度。1960 年至 20 世纪 80 年代，人口结构年轻化以及年金制度处在初创阶段，缴费人口多、领取年金的人口很少，是年金基金快速积累的时期。至 2001 年 3 月末，公共年金积累金额约有 142 万亿日元，占当时 GDP 的比重近 30%，是世界上最大的养老储备基金之一。

2004 年之前，年金基金运作由政府直接操控，政府通过制定“财政投资融资计划”的政策性金融体系进行管理运作。经济快速发展时期，把邮政储蓄、公共年金、简易生命保险等不同渠道筹措

的公共性有偿使用的资金作为原始资金，按照国家的决策导向和政策目标，投向经济和社会发展的各个领域。为促进日本基础设施建设、产业发展以及社会资本形成等发挥了巨大作用。20 世纪 80 年代之后，投资的政策目标逐渐转向国民生活领域，如住房公积金、社会福利服务等，投资规模迅速扩大。但是，由于日本经济长期低迷，投放的资金以及贷款不能按期收回，到 2000 年前后，呆坏账超过总资产的 70%以上。仅公共年金在政府“财政投资融资计划”的投资运营中就损失了大约 20 万亿日元。

失败的主要原因是管理体制和投资方向存在弊端。首先是政府主导的运作机制使得资金大多投向政府倡导的公共项目，其经济效益差、经营不善者的融资难以收回成本。其次是管理官僚化、政治化，缺乏强有力的监管机制，具有经验的专业人才难以掌握决策权。最后是地方政府的乱投资，收支损益制度不透明。特别是国民年金基金的投放资金是 20 世纪 60 年代以来每个国民辛辛苦苦缴纳保险费积累储蓄起来的，由于年金基金投放市场运作失败，极大地降低了国民年金的公信力，也导致青年人逃避加入年金保险现象日增。上述政策性原因带来了国民年金参保率迅速下降，进一步加重了公共年金的社会危机和财政危机。

为了挽回由于年金基金经营不善带来的经济以及社会负面影响，2001 年 4 月开始对公共年金基金的管理体制进行大幅改革、改组组织，创建年金基金管理运作独立行政法人（简称 GPIF），颁布《年金积立金运用基金法》，并明确 GPIF 会引入市场经济管理模式对年金信托资产进行市场化投资管理。政府从直接进行经营管理退至后台实行监管，具体业务委托专业人员管理。GPIF 确立的年金基金运作的基本原则是安全性、高收益、高流动性。采取风险分散型投资方式，根据动态随时对资产结构进行调整，并为了获得一定的收益，设定长期、中期、短期投资组合。

（二）年金基金市场运作种类

GPIF 在资本市场投资运作的主要种类分为债券和股票两种。债券分为日本国内债券和国外债券，股票也分为日本国内股票和国外股票。在日本年金基金投资组合中，债券占 50％，其中国内债券占 35％，国外债券占 15％。国内所占比例远远高于国外，这是为了追求资金的安全和低风险。对于股票的投资，国内和国外基本比例各为 25％，视国内外经济动态随时调整比例。从总体趋势看，股票投入国内市场比例高于国外股票，风险被限定在最小范围。但在新冠肺炎疫情肆虐期间，应及时紧跟国际金融市场变化而调整国外债券比例，获取更高收益（见表 1－8）。

表 1－8　　GPIF 资本市场资产构成比例（2021 年数据）

时间	国内债券	国外债券	国内股票	国外股票
2019 年 12 月	35％	15％	25％	25％
2021 年 6 月	25％	25％	25％	25％

资料来源：根据年金积立金管理运用独立行政法人 2021 年出版的《資産構成》资料制作。

（三）提高基金投资的安全性和运营效率

GPIF 在资本市场投资中主要采取“消极投资战略”，在重视基金投资的安全性基础上提高运营效率。图 1－7 显示了自 2001 年以来，年金基金运作进行改革之后基金运作的损益状况。

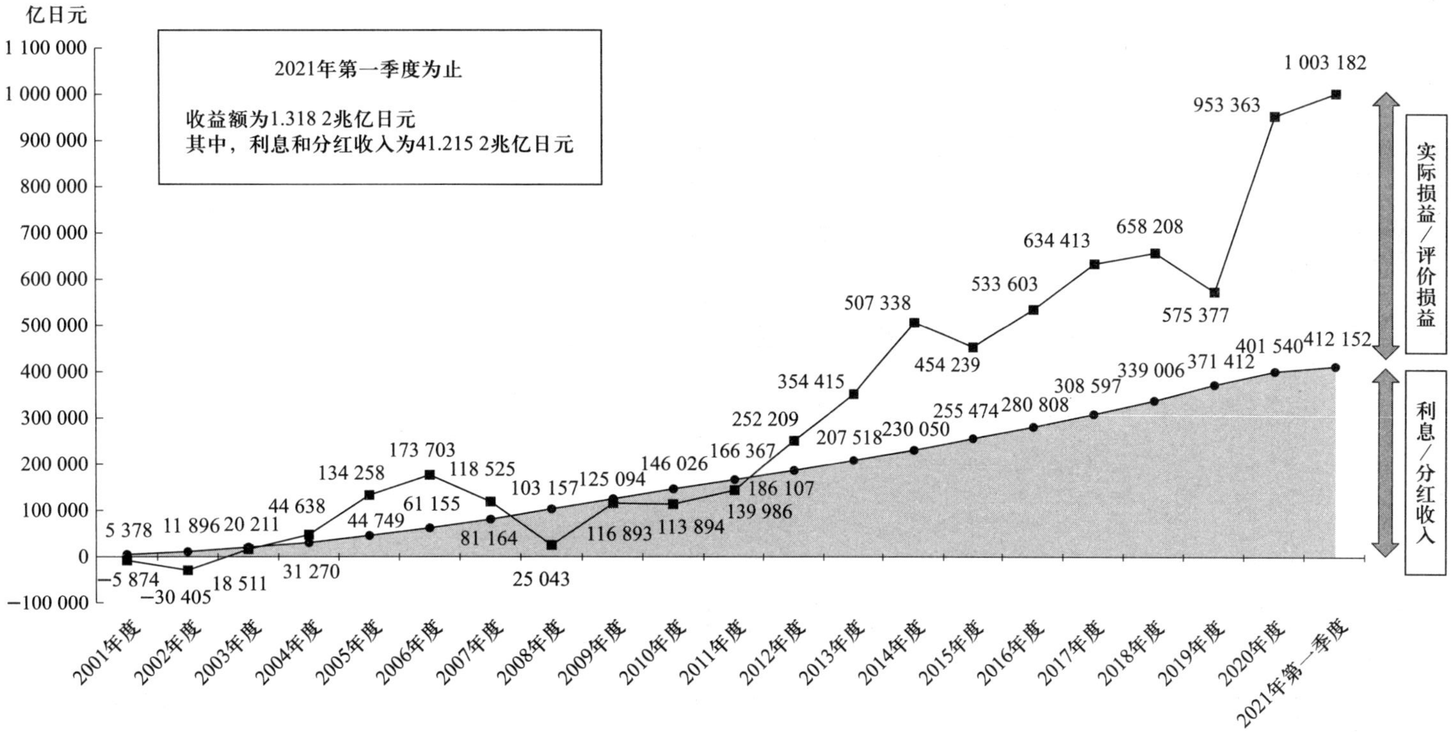

图 1－7　2001—2021 年运作绩效

资料来源：根据年金积立金管理运用独立行政法人出版的《2001—2019 年年金積立金運用実績》资料及政府数据制作。

20 世纪 90 年代以后，日本的年金收支始终处于入不敷出状态，这与基金运作经营不善有直接关系。2001 年改革之后，基金运作收益出现明显改善。2003—2006 年，国际金融市场以及日本经济得到恢复，加之改组后的运营机构逐渐走向轨道，2005 年出现了 9.88％的高收益率。受 2008 年金融危机影响，收益率为－7.57％，损失了 9.3 兆日元，出现了无法支撑当年年金给付的赤字部分，不得已将一部分本金资产卖掉解决年金给付的燃眉之急。2010 年以后年金运营相对平稳，2014 年收益率达 12.27％，2015 年出现下降，收益率为－3.81％。2001—2018 年的 18 年间，平均年收益率为 2.87％，而 GPIF 制定的年平均收益率目标为 1.71％，平均收益率远远超过了制定的锁定目标。2019 年 3 月末，基金运作资产金额为 150.6 兆日元，由于受到新冠肺炎疫情影响，2019 年收益率为－5.20％，损失金额 8.2 兆日元。2020 年在国际资本活跃的背景下，灵活调整对国外债券持有比例，收益率出现前所未有的增长高峰，高达 25.15％，收益额达 41.2 兆日元。从 2001 年改革到 2021 年 6 月平均年收益率为 4.02％。目前日本继续在寻找更积极、更安全的运作方式，试图通过国内外市场运作，获取相对稳定的收益，以走出年金财政不足的困境。

第四节　医疗保险财政

一、医疗保险财源构成

医疗保险制度财源由三部分构成，即政府财政投入、医疗保险费、诊疗费等收入。政府财政包括中央财政和地方财政，来自国家税和地方税，主要用于公费负担医疗制度、后期高龄者医疗制度等。医疗保险费主要包括医疗保险、后期高龄者医疗制度参保者缴纳的保险费、劳动灾害补偿保险参保者缴纳的保险费等。诊疗费收入主要是患者支付的医疗费。

2019 年的医疗财政预算构成如图 1－8 所示，医疗财政总预算为 46 兆日元，政府财政负担 18 兆日元，其中，中央负担 12 兆日元，地方负担 6 兆日元；保险费收入 23 兆日元，患者缴费收入 6 兆日元。由于老龄化和医疗技术进步，医疗费总额每年都在增长，增长的部分被均摊到政府财政支出和患者个人医疗费负担中。政府财政负担所增加的支出，主要依靠提高消费税和其他名目的税收填补，患者个人缴费负担部分则通过提高诊疗和治疗以及医药费收费标准填补。

图 1－8 显示出，因老龄化和医疗技术进步的影响，2019 年的医疗费支出与 2018 年相比增加约 2.2 兆日元，为了保持收支平衡，2020 年将从各个部分削减医疗费支持。首先削减对医疗机构的支付 4 600 亿日元，用以减轻国家、医疗保险机构、患者个人缴费。

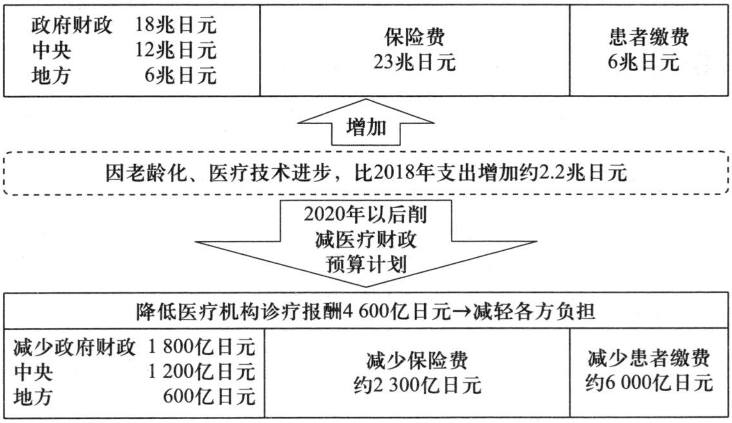

图 1－8　2019 年医疗保险财政构造与规模

资料来源：参考厚生劳动省发布的 2019 年“国民医疗费”相关资料制作。

当前，医疗保险财政的最大课题是抑制政府财政投入和患者个人负担比率的增长。政府提出在2020年以后的改革当中，希望政府财政负担能够减少1 800亿日元。由于被保险人口逐年减少，预计保险费收入将会随之减少，期待通过开源节流的方式，填补保险费收入减少的不足部分。

二、国民医疗费增长状况

国民医疗费的总支出呈逐年上升趋势。表1－9比较全面地反映了2008—2018年日本医疗费总支出状况。2008年国民医疗费总额为34.8兆日元，国民医疗费占GDP的比例为6.8%。2009年国民医疗费总额为36兆日元，占GDP的比例上升到7.3%，这引起社会各界的极大关注。2009年以后国民医疗费总额仍然呈持续上升趋势，国民医疗费占GDP的比例虽然以微小的幅度上升，但基本控制在8%以内。2018年，国民医疗费占GDP的比例上升到了7.9%，接近日本所预定的8%的临界线。

在国民医疗费总额增长中，75岁以上老年人的医疗费增长比较显著。后期高龄者2008年的医疗费用为11.4兆日元，2015年增长到15.1兆日元，2018年增长到16.4兆日元，出现快速增长趋势。为了使国民医疗费总额增长占GDP比例能够控制在8%以内，从2018年政府推出抑制国民医疗费改革方案，提高了后期高龄者医疗费个人负担比例，特别是高收入、高资产老年人的个人负担率从10%提高到20%或者30%。同时降低了医疗机构诊疗费和药费收费标准，2020年以后这项改革措施全面推行，来自老年人的反对声越来越高。

表 1-9　　国民医疗费动向

年度	国民医疗费（兆日元）	75 岁以上人口的国民医疗费（兆日元）	国民医疗费占GDP 比例（%）
2008	34.8	11.4	6.8
2009	36.0	12.0	7.3
2010	37.4	12.7	7.5
2011	38.6	13.3	7.8
2012	39.2	13.7	7.9
2013	40.1	14.2	7.9
2014	40.8	14.5	7.9
2015	42.4	15.1	7.9
2016	42.1	15.4	7.8
2017	43.1	16.0	7.9
2018	43.4	16.4	7.9

资料来源：引自厚生劳动省发布的 2019 年“国民医療費”数据。

三、国民医疗费个人负担状况

图 1-9 显示了 2016 年不同年龄段使用国民医疗费、缴纳保险费以及个人负担国民医药费的状况。从中可以看到以下三点特征。第一，20～64 岁人口，是保险费的主要缴纳人群。其中，50～54 岁平均每年缴纳保险费金额 39.4 万日元，55～59 岁平均为 38.5 万日元，50～59 岁年龄段的人，在整体缴费群体中缴纳金额最高。第二，进入 60 岁以后保险费缴纳额度陡然减少，而使用医疗费的额度逐渐增加，年龄越高使用医疗费额度越大，与此同时其个人负担医疗费的额度也在增长。尤其是 85 岁以上老年人，个人负担比例远远高于中年人。例如，95～99 岁老年人的个人负担率为 8.6%，而 35～39 岁中年人个人负担率只有 2.9%。第三，使用医疗费用最少的年

龄段是 15～24 岁，年平均仅仅在 7 万多日元，而 90 岁以上老年人口年平均使用医疗费超过 110 万日元，不同年龄段使用医疗资源状况之间的差距非常大。

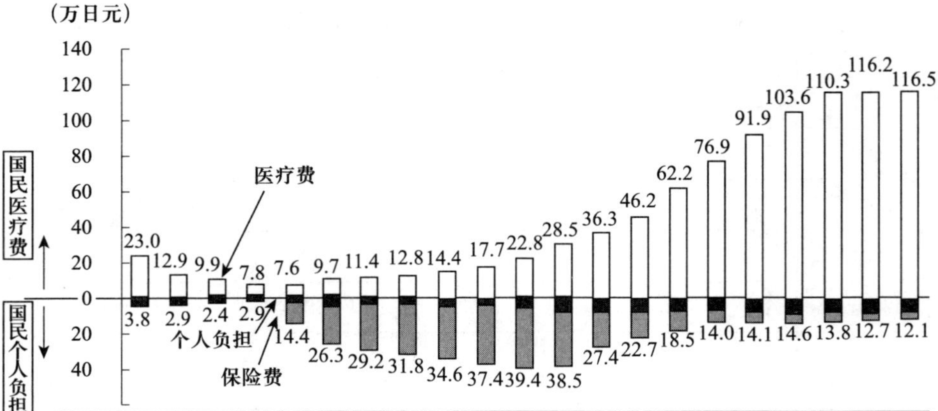

	15~19岁	20~24岁	25~29岁	30~34岁	35~39岁	40~44岁	45~49岁	50~54岁	55~59岁	60~64岁	65~69岁	70~74岁	75~79岁	80~84岁	85~89岁	90~94岁	95~99岁	100岁以上
保险费（%）	1.8	1.7	2.2	2.5	2.9	3.2	3.9	5.0	6.1	7.5	8.8	7.1	6.3	7.3	8.0	8.3	8.6	8.7
个人负担（千日元）	1.1	12.7	24.1	26.7	28.9	31.3	33.5	34.4	32.4	19.9	13.8	11.4	7.6	6.8	6.6	5.5	4.1	3.4

0~4岁 5~9岁 10~14岁 15~19岁 20~24岁 25~29岁 30~34岁 35~39岁 40~44岁 45~49岁 50~54岁 55~59岁 60~64岁 65~69岁 70~74岁 75~79岁 80~84岁 85~89岁 90~94岁 95~99岁 100岁以上

图 1－9　2016 年不同年龄段医疗费与保险费情况分析

资料来源：引自厚生劳动省发布的 2019 年“国民医療費”数据。

四、国民医疗费使用状况

厚生劳动省对 2019 年国民医疗费分类使用状况统计的数据显示，医科诊疗费占国民医疗费总额的 72.0％。在医科诊疗费中，住院费用约占国民医疗费总额的 38.1％，门诊费用约占国民医疗费总额的 33.9％。此外，齿科诊疗费占国民医疗费总额的 6.8％，药费占国民医疗费总额的 17.7％，上门看护服务医疗费占国民医疗费总额的 0.6％，生活医疗费占 1.8％，疗养费占 1.2％。

从上述数据分析可以看到，住院费用与门诊费用所占比例的差距不大。另外，2018 年药费占国民医疗费总额比例也处在相对较低的水平（17.6%），根据厚生劳动省公布数据，2016 年药费占国民医疗费总额比例为 18.2%，2017 年为 18.3%，出现了降低趋势，表明对国民医药费的控制取得了一定效果。[①]

第五节　护理保险财政

一、护理保险财政结构

护理保险的财源由公费（政府财政投入）与护理保险费两大部分构成，两者负担的比例各为 50%。根据《护理保险法》，财政负担的 50% 由三级政府共同承担，即中央政府 25%、都道府县 12.5%、市町村 12.5%。但是在财政转移的具体操作时，都道府县和市町村承担的比例可以酌情调整，例如，偏远地区或者受灾地区的都道府县以及市町村地方政府，其承担比例可以酌情调节。

根据国会通过的 2019 年护理保险财政方案（见图 1－10），护理保险财政规模为 10.8 兆日元，保险费缴费收入 5.4 兆日元。保险费收入中 65 岁以上第 1 号被保险人缴纳的保险费为 2.5 兆日元，占护理保险总预算的 23%。40～64 岁第 2 号被保险人缴纳的保险费为 2.9 兆日元，占总预算的 27%。

财政负担金额根据保险费收入总额决定，鉴于 2019 年护理保险费收入总额为 5.4 兆日元，财政负担总额被定为 5.4 兆日元。根据法定的负担比例，中央政府负担 25%，总额为 2.5 兆日元，具体用于调整支付金约 0.5 兆日元，定率[②]负担部分 2.0 兆日元；都道府县负担 12.5%，总金额为 1.5 兆日元；市町村负担 12.5%，总金额

① 引自厚生劳动省发布的 2019 年“国民医療費”数据。

② 定率是依照法定比例国库应负担的部分，主要用于指定护理机构给付。

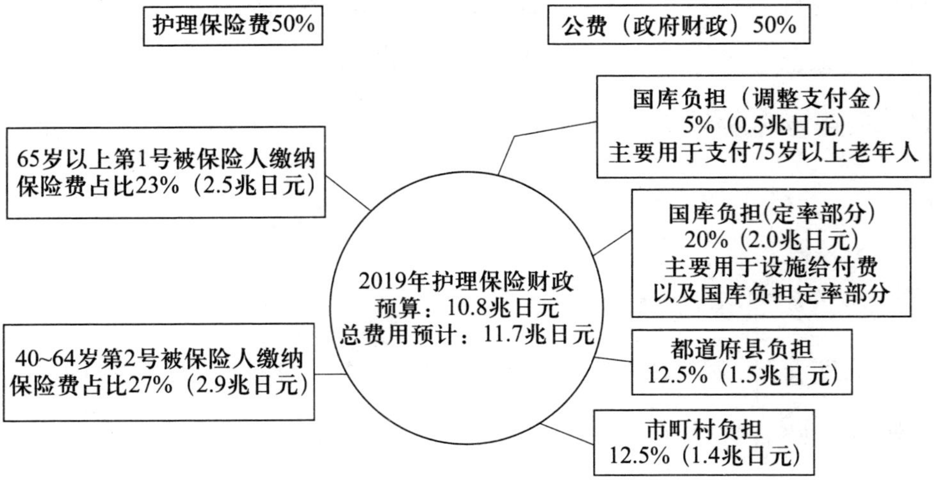

图 1－10　2019 年护理保险财政结构

资料来源：根据厚生劳动省发布的 2020 年版“介护保险制度の概要”修改制作。

约为 1.4 兆日元。①

但是根据实际推算，2019 年护理保险总费用将会超过预算总额，达到 11.7 兆日元，超出的 0.8 兆日元，预计会附加到下一期计算护理保险费缴费比例当中。护理保险费率以及保险给付标准每隔三年进行一次调整，目的在于达到收支平衡。

表 1－10 显示了自护理保险制度推行以来，20 年间护理保险总费用持续增长的状况。2000 年制度创建最初年度总费用只有 3.6 兆日元，9 年之后 2009 年已经出现倍增趋势，达到 7.4 兆日元，2019 年已达到 11.7 兆日元。护理保险总费用的增长速度远远超出年金和医疗保险总费用的增长趋势。虽然自从 2005 年以后每隔三年进行一次有关压缩护理服务费用支付的财政改革，但是老年人口的迅速增

① 二级政府负担比例均为 12.5%是法定的，因每年对市町村负担部分会以各种形式进行调整，以减轻其压力，因此金额与都道府县相比，略有差异。

长以及老年人口的长寿化趋势等人口结构带来的问题，仅仅依靠财政改革难以从根本上控制护理保险总费用的持续增长。

根据厚生劳动省预测，2025 年护理保险总费用有可能突破 20 兆日元，对护理保险财政收支制度进行结构性改革势在必行。

表 1－10　　2000—2019 年护理保险总费用增长状况

年度	2000	2001	2002	2003	2004	2005	2006	2007	2008	2009
总额（兆日元）	3.6	4.6	5.2	5.7	6.2	6.4	6.4	6.7	6.9	7.4
年度	2010	2011	2012	2013	2014	2015	2016	2017	2018	2019
总额（兆日元）	7.8	8.2	8.8	9.2	9.6	9.8	10.8	10.8	11.1	11.7

资料来源：根据厚生劳动省老健局发布的 2019 年“介護保険をめぐる状況について”资料制作。

二、护理保险费个人负担状况

缴纳护理保险费的群体为以 65 岁以上老年人为主要对象的第 1 号被保险人，以及以 40 岁以上国民为主要对象的第 2 号被保险人。两者所负担的保险费计算方法和缴费标准各不相同。

基本计算方法是首先根据第 1 号和第 2 号被保险人的人口比例，其次根据护理保险总支出计算个人缴纳保险费标准，每三年进行一次核算和调整。比如，2017 年的第 1 号被保险人负担护理保险总额的比例为 22%，第 2 号被保险人为 28%；2018 年开始 65 岁以上第 1 号被保险人人口比例提高，负担比例提高至 23%，第 2 号被保险人人口比例降低 1%，负担比例相应降低为 27%。随着老年人口比例增加，65 岁以上老年人口的护理保险费用负担将会越来越重。

第 1 号被保险人的保险水准根据各市町村的被保险人数以及费用支出等计算，所以，各市町村缴纳的保险费用不尽相同，为了调节地区之间的不平衡，每隔三年通过中央政府的调整支付金来平衡地区之间的差距。第 2 号被保险人的费用缴纳与医疗保险捆绑在一起，由各医疗保险机构征收，保险费负担水准也由各医疗保险者根据法定规则算出。个人、雇佣者、国家三者负担比例与医疗保险相同。

根据 2017 年护理保险制度改革的要求，付费标准由根据所在市町村老年人口和护理保险总支出计算付费标准，改革为按照个人经济所得收入计算，计算公式如下：

个人护理保险费＝个人总收入×固定比例÷12

根据这一公式，收入越多缴费越高，收入越少缴费越低，目的是增加护理保险费收入，同时强化再分配功能，缓解老年人口之间经济收入差距过大问题。近年来，由于保险费增速过快，且每月的护理保险费直接从养老金中扣除，出现了一批由于缴纳护理保险费导致养老金收入减少、生活陷入贫困的老年人群体。但是，对低收入群体推行的减免护理保险费的部分，原则上是从政府负担的护理保险财政中支出的，政府不再提供其他的财政补贴。滞纳以及无力缴纳护理保险费规模的扩大，必将导致护理保险费减少，陷入护理保险财政不足的恶性循环。因此，2017 年进行的护理保险费支付改革，提高了高收入老年人群体的缴费和服务护理费的水平，实际上是将无力缴纳护理保险费的低收入老年人赤字转嫁到了高收入老年人群体。

表 1－11 显示了自 2000 年护理保险制度实施以来，每人每月所缴纳的护理保险费持续增长的状况。

表 1-11　　近年护理保险费个人负担增长状况

期数年度	第 1 期 2000—2002	第 2 期 2003—2005	第 3 期 2006—2008	第 4 期 2009—2011	第 5 期 2012—2014	第 6 期 2015—2017	第 7 期 2018—2020
保险费（日元）	2 911	3 293	4 090	4 160	4 972	5 514	5 869
保险费比上年增长（%）		+13%	+24%	+1.7%	+20%	+11%	+6.4%

资料来源：根据厚生劳动省老健局发布的 2019 年“介護保険をめぐる状況について”资料制作。

护理保险总支出持续增长势必加重个人缴费负担，护理保险个人缴费标准持续增长已经成为国民普遍关注的社会问题。然而，为了保证护理保险制度的持续性、护理服务的公平性，这不能降低护理服务的水平，护理保险财政支出还将会继续增长。

由于少子老龄化问题日趋严重，在日本政府每年的财政支出中，社会保障财政已占政府财政支出的 33.7%。造成社会保障财政入不敷出的主要原因有二。

其一，少子化造成劳动人口减少，社会保险的社会基础持续弱化。1980 年，年金保险由 7.4 名劳动者供养一位退休老人，2017 年减少为 2.2 名劳动者供养一位退休老人，2030 年这一比例将减少到 1.9 名劳动者供养一位退休老人。日本政府“新三支箭”[①] 中又把促进生育的少子化对策和解决入托难作为重要政策目标，社保支出有可能增加。如何平衡老龄化、长寿化和少子化、生育率低下带来的老年人护理财政与儿童福利财政问题，是日本面临的重要课题。

其二，老龄化和长寿化，在医疗费方面，虽然把经济收入较高老年人的医疗费个人负担从 10%提高到 20%～30%，仍难以弥补医

① 旧三支箭指宽松的货币政策、灵活的财政政策和结构性改革，新三支箭指孕育强大的经济、构筑育儿支援和持续性的社会保障。

疗保险财政不足。值得关注的是与年金、医疗保险财政支出增长相比，护理保险财政支出上升趋势更为明显，而这一趋势将会持续到2050年前后。与此相比，年金、医疗财政支出将会逐渐下降。今后，社会保障财政中年金和医疗保障财政问题将有所缓和，但面临的长期任务就是如何解决老年人护理保险财政负担持续增长问题。

参考文献

[1] 持田信樹．給付と負担の将来ビジョン給付と負担の将来ビジョン［M］．东京：東洋経済，2019.

[2] 小西砂千夫．社会保障の財政学［M］．東京：日本経済評論社，2016.

[3] 小西砂千夫．日本地方財政史——制度の背景と文脈をとらえる［M］．东京：有斐閣，2016.

[4] 鈴木亘．財政危機と社会保障［M］．东京：講談社現代新書，2019.

[5] 明里帷大．社会保障の財政改革［M］．东京：中央経済社，2005.

[6] 星野泉．現代財政論［M］．東京：学陽書房，2007.

[7] 李晓敏．少子老龄化背景下日本公共年金财政危机及启示［J］．西安财经学院学报，2014（2）.

[8] 李素素．日本财政社会保障支出结构及对我国的启示［J］．当代经济，2016（28）.

[9] 吉田健三．財政学と社会保障—フェルドシュタイン年金批判を素材として［J］．財政と公共政策，2004（26）：2.

[10] 岸功．21世紀の社会保障と財政収支［J］．関東学院大学文学部紀要，2010（120）.

第二章

年金制度

日本的年金制度起源于1939年推行的船员保险制度，此后，相继出现了以雇员为对象的劳动者年金、厚生年金、私立学校教职员共济年金、公务员年金保险等大大小小近百种年金系列。日本年金在起步时主要参照德国以雇员为主要对象的职域保险方式，确立了行业分离型的共济互助保险体系。这些年金系列以行业自成体系、独立运作，通过各自行业内部的年金互助共济体制，保障其雇员以及家属年老后的生活或者规避缴费期出现的伤残及死亡事故带来的风险伤害。由于它的覆盖面仅限于雇员以及家属，且基金封闭式运作，就将占人口大多数的农民、个体经营者等群体排斥在外，使他们处于年老后无保障状态。

日本为了将所有社会成员纳入社会保障安全网，在经济进入快速发展、国家财政有了一定积累的时期，及时颁布《国民年金法》（1959年），创建了以农民、个体经营者为主要对象的地域型国民年金保险体系。由此日本形成了以广覆盖、低水平的地域型国民年金与以雇员为主体的职域型年金制度体系雏形，完成了以“全民皆保险”年金基础制度建构的社会工程。

进入20世纪80年代中期，日本泡沫经济开始瓦解，产业结构进入大调整时期。经济结构转型对职域型年金带来的最大影响是在经济结构大调整中，由于行业规模缩小或者倒闭等原因，由行业独立运营的年金保险基金陷入基金储备不足的困境，不得已宣布年金体系解体，导致一部分雇员失去年金，引起社会普遍关注。为了解决出现的丧失年金问题，1985 年日本相继通过《国民年金法》《厚生年金法》和《共济年金法》修正案，并于 1986 年 4 月实施。根据法律修正案提出的原则，以国民年金为载体创建了基础年金制度，职域型年金的参保者必须同时加入基础年金，在地域型年金和职域型年金之间搭建了一个安全通道。所谓的基础年金是指最后的一道安全网，即使中途失业或者事业失败，65 岁以后也可以领取一份保基本的养老金。1986 年实施的改革方案最终确立了公共年金的两层结构体制，即第一层是国民年金、第二层是由厚生年金组成的具有日本特色的公共年金体制。

长期的经济低迷使日本进入了被称为“失去的 20 年”的经济萧条时期。产业结构升级以及企业国际化、金融国际化、人口结构少子老龄化趋势，对日本公共年金体制带来了新挑战。公共年金体制面临的根本性问题是年金财政危机。进入 21 世纪之后，日本年金制度再次进行结构性改革，迎接百年人生时代的到来。这次改革重点是强化对具有私人年金性质的企业年金和个人年金的体系建设，通过减免企业和个人的税收，以及提高私人年金的附加价值来鼓励国民积极加入，同时将私人年金的风险管理纳入公共年金政策范围。经过这一轮的改革，逐渐形成了三层次的日本年金体系，即第一层次的国民年金、第二层次的厚生年金、第三层次的企业年金与个人年金，这减轻了公共年金的财政压力，也打消了人们对未来年老后生活的忧虑。

本章内容由四大部分构成，首先介绍构成公共年金主体内容的国民年金和厚生年金的结构体系；其次，分析建立在公共年金基础之上的企业年金和个人年金形成过程，以及与公共年金之间的互补关系；再次，重点解析年金保险制度改革的理论争论、改革过程以及改革成效；最后，尝试对日本年金保险制度的特征进行评价。

第一节　公共年金制度结构

一、年金制度结构

年金制度设计的基本理念是人人享有年金，即“国民皆年金”，制度设计的基本原则是公助、互助、自助的三层结构浑然一体、相互衔接。三层年金体系是在年金制度发展变革过程中逐步形成的。首先确立了以雇员为保障对象的年金体系，在“国民皆年金”理念的推动下增设国民年金，20 世纪 80 年代中期，进行年金结构改革，最终形成了国民年金、厚生年金两层次公共年金结构体系。进入 21 世纪之后，又将具有私人年金特征的企业年金与个人年金纳入年金结构体系，作为公共年金的补充形式。

第一层次国民年金，国家财政和个人保险费折半出资，体现国家责任；第二层次厚生年金，企业和雇员共同投保，体现互助共济责任；第一和第二层次的年金属于政府管控的公共年金体系。第三层次的企业年金与个人年金，主要由个人投保，属于私人年金体系，但是又与商业性保险有区别，它享受政府税制优惠，接受政府监察，具有公共色彩。图 2 - 1 为 2019 年时的三层次年金结构体系。

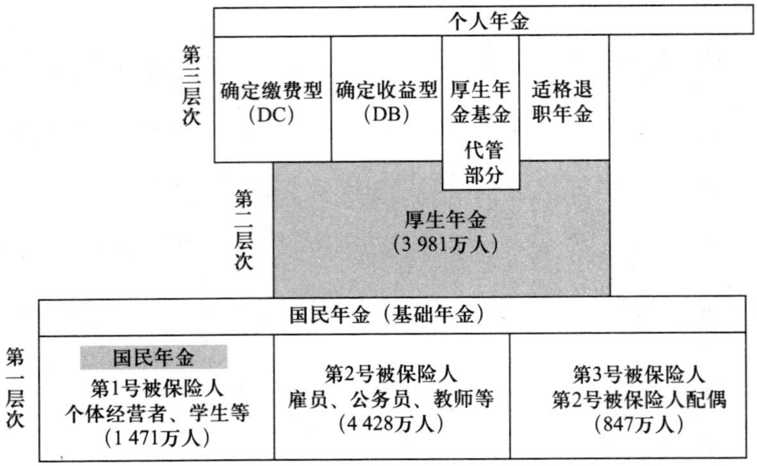

图 2－1　2019 年年金制度结构

资料来源：根据 2020 年 3 月日本年金机构公布的资料制作。

国民年金是公共年金制度的基石，凡是居住在日本、年龄在 20～60 岁的人（包括外国人），都必须加入国民年金。国民年金创建初期曾经推行无须缴费的“福利年金”制度，针对的主要对象是低收入老年人、残疾人以及单亲家庭群体等，目的是把所有国民纳入年金保险网。20 世纪 80 年代进行结构改革之后，确立的国民年金体系中，被保险人分为三种类型。（1）第 1 号被保险人，以个体经营者、20 岁以上的学生以及农民等为主体，作为国民的义务，要求符合条件的对象必须加入。不在日本国内居住的 20～60 岁国民以及在日本国内居住的 60～65 岁国民，可以选择任意加入。第 1 号被保险人约 1 471 万人。（2）第 2 号被保险人，以雇员为主，主要由未满 70 岁的企业员工、公务员，以及公立、私立学校教师和研究机构的研究人员等构成，大约有 4 428 万人。（3）第 3 号被保险人是第 2 号被保险人的配偶，但加入第 3 号被保险人的条件是年收入不得超过 130 万日元，超出这个收入界限，将自动转为第 2 号被保险人。年龄在 20～60 岁的第 3 号被保险人，大约有 847 万人。[①] 根据 2020 年 3 月公布的数据，公共年金制度参保总人数为 6 746 万人。

公共年金的第二层次是厚生年金，它遵循受益与收入挂钩的保险原则，由个人和企业共同缴费，合计缴费比率 18.3%，雇主雇员各承担一半。法律规定，凡是雇用 5 人以上（包括雇主）的工厂、商店、事务所、宗教法人、福利法人等，其 70 岁以下雇主和雇员必须加入厚生年金。根据 2015 年修改的年金法规定，领取年金资格年限从满 25 年降低到 10 年，同时放宽加入厚生年金的门槛，规定非正规就业者满足一定的条件都可以参加厚生年金，如表 2－1 所示，2017 年新增非正规就业被保险人 29 万人，2018 年又增加到 43 万人。近年来，由于强化了对小规模企业逃避参加厚生年金的行为的监察和管理，敦促被遗留在制度外的人员参保，也收到一定效果。2013 年被保险人数为 3 527 万人，2019 年快速增加到 4 037 万人，监察措施收到一定成效。

表 2－1　　2013—2019 年厚生年金被保险人数统计　　单位：万人

年度	被保险人数			非正规就业（临时工等）的被保险人数	生育休假等享受减免保险费群体
	总数	男性	女性		
2013	3 527	2 257	1 271	—	—
2014	3 599	2 293	1 306	—	23
2015	3 686	2 338	1 349	—	30
2016	3 822	2 398	1 424	—	33
2017	3 911	2 442	1 470	29	36
2018	3 981	2 469	1 512	43	41
2019	4 037	2 488	1 550	47	43

资料来源：参考厚生劳动省年金局发布的 2020 年“厚生年金保险”的数据制作。

注：因四舍五入，一些数值加总不绝对相等。

① 相关统计数据来自日本年金机构 2020 年 3 月公布的数据。

第三层次是企业年金与个人年金，是公共年金的重要补充形式。进入21世纪以后，为了弥补公共年金功能弱化以及未来一代年金给付减少等问题，第三层次的私人年金（企业年金和个人年金）在政策的支持下获得迅速发展。截至2018年年底，DC型企业年金参保者648万人，DB型企业年金参保者901万人，个人年金参保者为85万人（企业年金和个人年金参保者有重复）。

二、国民年金

（一）国民年金保险费

国民年金的主要法律依据是1959年颁布实施的《国民年金法》，该法历经多次修改。法律规定被保险人必须定期缴纳保险费，低收入者以及残障者可以减免或者免除缴纳义务。具体方法是个人提出减免申请，年金机构严格核查个人经济收入，然后决定减免比例。减免根据个人以及家庭收入状况分为全部免除、减免3/4、1/2、1/4等方式。鉴于年满20岁及以上的在校学生没有经济收入，其保险费可以等到毕业之后一并补缴。第1号被保险人需要到社区的社会保障事务所缴纳保险费。

国民年金制度实施之初，35岁以下被保险人每月缴纳100日元，35岁以上缴纳150日元。从1970年以后，缴纳对象的年龄改为20岁以上60岁以下，保险费统一为450日元。进入20世纪80年代以后，保险费率开始迅速上涨，1980年为3 770日元，1990年提高到8 400日元，2000年提高到13 300日元。国民年金保险费率上升速度过快，引起国民和企业的强烈不满，逃避国民年金缴费现象剧增，导致国民年金空洞化问题严重。为了避免无限制提高国民年金保险费率，2004年《国民年金法》修订，对国民年金进行结构性改革，决定从2005年开始到2017年为止，保险费月标准每年提高280日元，达到16 900日元之后，停止提高保险费率，直至2025年保险费固定在16 900日元不变。2025年以后，视国民年金运行状况再决定是否调整保险费标准。2005—2020年保险费提升状况参见表2－2。

表2－2　2005—2020年国民年金保险费变化状况　单位：日元/月

年度	2004	2005	2006	2007	2008	2009	2010	2011	2012
保险费	13 300	13 580	13 860	14 140	14 420	14 700	14 980	15 260	15 540
年度	2013	2014	2015	2016	2017	2018	2019	2020	
保险费	15 820	16 100	16 380	16 660	16 900	16 900	17 000	17 000	

资料来源：根据2020年3月日本年金机构公布的资料制作。

但是，鉴于2019年国民年金开始实施女性生育期间免除缴纳保险费义务的政策之后，年金保险收入出现赤字，为了填补因此项政策带来的赤字，决定将这部分负担分摊到每个国民，因此，政府不得不毁约从2019年开始，每人每月再提升100日元。

国民年金保险费月额标准的计算方法如下。[①]

$$\begin{matrix}\text{国民年金}\\\text{保险费标准}\end{matrix}=13\ 300\text{（2004 年确定的基本标准）}\times\begin{matrix}\text{保险费}\\\text{浮动费率}\end{matrix}$$

保险费浮动费率＝上年度保险费浮动费率×名义工资变动率

名义工资变动率＝物价变动率×实际工资变动率

根据年金精算预测，如果每月保险费固定在16 900日元，至少在2025年以前可以保持年金财政的收支平衡。但是需要满足三个前提条件：第一，国家对国民年金的财政支付必须在50％以上；第二，缴费率维持在80％以上；第三，适当降低年金给付标准，否则

① https：//www.nenkin.go.jp/service/kokunen/hokenryo/20150331-02.html.

年金财政难以保持收支平衡。从2004年开始，国家财政也开始逐渐加大对国民年金的投入力度，根据法律规定，2009年以后，国家财政的出资比例从之前负担国民年金总支出的1/3提高到负担1/2，形成了现行的国民年金保险财政结构，即保险费占50%，国家财政出资占50%。

如上所述，第1号被保险人和第2号被保险人缴纳保险费实行统一定额制，但作为第2号被保险人配偶（主要是家庭主妇）的第3号被保险人，可以不缴纳保险费，由第2号被保险人及所参加的厚生年金统筹资金予以负担。第3号被保险人到了退休年龄之后，可以拿到属于自己的年金。为什么日本家庭主妇阶层能够长期维持，这与其年金制度设计息息相关。日本在创建年金制度初期，就推行以夫妇为单位而不以个人为单位的年金制度模式，通常称为夫妇年金，目的在于稳定家庭结构，确保男性的充分就业。近些年由于劳动力短缺，需要吸引大量的女性劳动力进入劳动力市场，因此，社会政策对夫妇年金进行调整，将夫妇年金逐步向个人年金体系过渡，试图诱导女性充分就业。近年来，职业妇女比例逐渐超过家庭主妇，随着女性正规就业率的提高，第3号被保险人数还会出现迅速下降趋势。

（二）国民年金缴费率

表2-3显示了2017年、2018年国民年金不同年龄阶段缴费率的状况。与2017年相比，2018年每个年龄段的缴费率都出现增长趋势，平均缴费率达到68.12%。其中，25～29岁的缴费率56.32%为最低，因为这个年龄段正处在工作不稳定时期；20～24岁的缴费率为63.99%，此年龄段中近一半以上的时间处于就学期

间，不少家长为减轻子女毕业之后的负担，替就学子女缴纳保险费，缴费比例高于25～29岁年龄段；30岁以后，随着年龄增长和生活稳定，缴费率逐步上升；缴费率最高的年龄段是55～59岁，这是鉴于接近领取年金年龄有了紧迫感。虽然缴费率呈不断上升趋势，但距离实现80%以上的缴费率目标还有一定距离。

表2-3　国民年金不同年龄段缴费率　(%)

年龄（岁）	20～24	25～29	30～34	35～39	40～44	45～49	50～54	55～59
2017年	62.40	54.87	59.01	63.09	66.70	65.57	68.49	76.28
2018年	63.99	56.32	60.90	64.9	68.67	68.25	69.70	77.48

资料来源：根据厚生劳动省年金局发布的2019年“国民年金年龄别缴费率”相关资料制作。

国民年金持续发展的重要前提是缴费率维持在80%以上，为了实现这一目标，从2014年开始地方政府采取了对于逃避缴纳和滞纳者进行强制征收的措施，取得一定成效。具体实施时分为以下步骤：(1) 催促缴纳通知单；(2) 行政通牒令；(3) 抵押财产，比较常见的方式是强制性抵押财产。2017年共发出催促通知85 342件，针对高收入（收入1 000万日元以上）者有7 844件；发出最后通牒令50 432件，针对高收入者有3 591件；抵押财产的有13 962件，针对高收入者有605件；最后完成缴费76 758件，针对高收入者有5 069件。从中看到，采取强制性征收措施的效果非常明显。2017年都道府县强制征收实施状况见表2-4。

表2-4　2017年都道府县强制征收实施状况

催促缴纳	发出通牒	抵押财产	完成缴费
85 342件，针对高收入者有7 844件	50 432件，针对高收入者有3 591件	13 962件，针对高收入者有605件	76 758件，针对高收入者有5 069件

资料来源：日本年金機構，国民年金保険料強制徵収集中取組期間の結果について. 2020.

（三）国民年金给付

1. 国民年金给付种类

国民年金给付种类主要分为四种。第一，基础年金，缴纳保险费满 10 年以上（改革前为满 25 年），年龄 65 岁以上可以申请领取基础年金。特殊原因 60 岁以上也可申请，给付率不变，但是提前申请会根据年龄减少给付金额。第二，残障基础年金，在国民年金的参保期间出现残障或者疾病，经审核符合《国民年金法》规定的 1 级或者 2 级残障者，从初诊日起开始领取残障基础年金。第三，遗属基础年金，国民年金的被保险人或者具有基础年金受领资格者死亡的情况，其配偶和子女可以申请受领遗属基础年金。但是需要满足以下两个条件：子女未满 18 岁，或者未满 20 岁被认定患有 1～2 级残障者；配偶没有接受过其他年金给付。第四，寡妇年金，作为第 1 号被保险人缴满所规定年限的保险费后，在尚未领取基础年金、残障基础年金就死亡的情况下，具有 10 年以上的婚姻关系（包含同居关系）的妻子从 65 岁开始可以领取丈夫年金给付金额的 3/4。

20 世纪七八十年代，国民年金保险费水平呈现缓缓上升趋势，同时年金给付水准也呈上升趋势。而 20 世纪 90 年代到 21 世纪前十年，国民年金保险费总收入上升速度加快，但是年金给付并没有随着保险费收入的上涨而上升，这一现象与日本国民负担率自 20 世纪 90 年代以后逐渐上升的趋势是一致的。

2. 年金给付年龄

按照修改之前的《国民年金法》规定，国民年金参保最低年限为 25 年，满额年限是 40 年，原则上年龄达到 65 岁开始领取国民年金。2017 年 7 月修改实施的《国民年金法》规定，缴费最低年限从满 25 年降低为满 10 年，其目的是让更多被排除在国民年金之外的人纳入这个安全保障网，当然，扩大缴费人口，提高缴费率也是主要目的之一。根据 2017 年的发放标准，达到满额年限 40 年者，领取月额为 64 941 日元；缴费不足 40 年者，依次递减。被保险人在参保期间如果患病或者致残，可以获得残障基础年金，如果被保险人以及年金领取者死亡，其家属可以获得遗属基础年金。原则上 65 岁以后领取国民年金，新修订的法律规定，60 岁以上 70 岁以下的参保者，可以随时根据个人的经济收入状况，提前或者推迟领取国民年金。推迟领取者的年金金额可以递增。

提前或者推迟领取年金者，其年金给付率的具体计算方式见表 2－5。

表 2－5　　国民年金给付率计算方法

提前领取年金的计算比例		推迟领取年金的计算比例	
60 岁	满额年金的 70.0%～75.5%	66 岁	满额年金的 108.4%～116.1%
61 岁	满额年金的 76.0%～81.5%	67 岁	满额年金的 116.8%～124.5%
62 岁	满额年金的 82.0%～87.5%	68 岁	满额年金的 125.2%～132.9%
63 岁	满额年金的 88.0%～93.5%	69 岁	满额年金的 133.6%～141.3%
64 岁	满额年金的 94.0%～99.5%	70 岁	满额年金的 142.2%

资料来源：根据厚生劳动省年金局发布的 2019 年“国民年金保险”相关资料制作。

政府在积极倡导推迟领取年金政策的同时，推出了延迟退休年龄到 70 岁的政策构想。随着延迟退休年龄制度的推进，国民年金给付年龄也将会从目前法定的 65 岁逐步过渡到 70 岁。

三、厚生年金

（一）厚生年金保险费率

厚生年金与国民年金提高缴费率的步骤一致，根据 2004 年制定的年金制度改革方案，从2005年开始，每年每人的厚生年金保险缴费率提高0.354%，雇主和雇员折半，即雇主负担0.177%，雇员负担0.177%，2017年厚生年金缴费率实现18.3%的最终目标之后，固定其缴费水平直至2025年，在此期间不再提高保费率（见图2－2）。

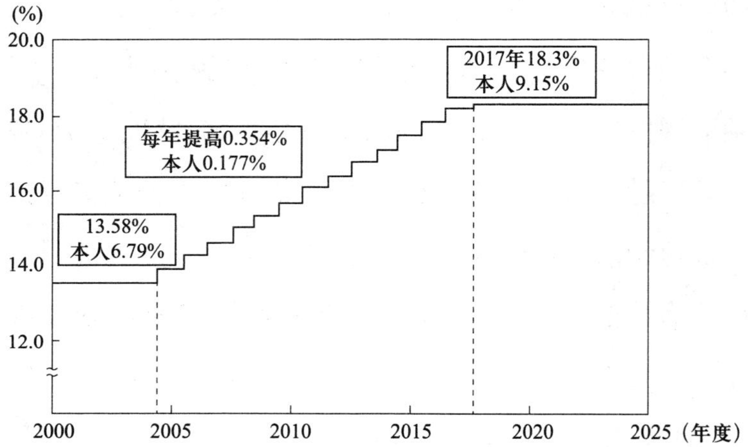

图2－2　2005—2025年厚生年金保险费率增长示意图

资料来源：根据2018年3月日本年金机构公布的“公的年金制度”资料制作。

此外，2004年以前，奖金收入不计算在缴费基数内。为了增加保险费收入，根据2004年年金改革后的新规定，奖金收入一并纳入计算缴费基数，实行总报酬计算制度。一般的企事业单位，奖金收入约占总收入的1/3，高收入阶层的奖金收入往往高于基本工资。总报酬计算方法算出的保险费由雇主和雇员折半负担，这项改革不仅加重了个人缴费负担同时也加重了企业的缴费负担。部分企业为了逃避附加的保险费，采用发放实物或者购物券等替代奖金的办法。为了防止此类问题发生，政府制定防范措施，规定发放的实物也必须折算成现金金额计算到保险费基数中。改革后的个人保险费计算公式如下。

$$个人保险费\begin{cases}月工资保险费=标准报酬月工资\times保险费率\\ \qquad\qquad\qquad+\\ 奖金保险费=标准奖金金额\times保险费率\end{cases}$$

上述实例表明，2000年以后雇主和雇员对国民年金以及厚生年金的保险费负担日益加重。2018年以后的负担率实际已经突破了18.3%的目标值，引起社会各界的高度警惕，2025年之后，继续沿用提高缴费率的方式确保保险费总收入的做法难以为继，需要新的政策思路和改革方案出台。

厚生年金的缴费计算标准根据收入划分为31个等级，最低等级是1级，标准是月工资收入不低于88 000日元，保险费月额是16 000.16日元；最高等级是31级，月工资收入不低于620 000日元，保险费月额是112 728.40日元。由于等级划分太烦琐，每个人缴纳的保险费各异，管理成本很高。

国民年金是定额制，参保人在缴纳保险费和领取年金金额计算上基本统一，厚生年金的保险费设定是根据总收入计算，收入越高，缴纳的保险费就越高，退休后拿到的年金也相应比较高。但是，免除缴纳保险费的家庭主妇以及生育休假期间的女性，在免除缴纳期间视同缴纳。被免除的这一部分保险费，根据互助共济原则，由厚生年金制度中的统筹部分进行负担和再分配。事实上，缴费比例高的群体所缴纳的保险费并不能够直接反映到年老后年金给付的比例当中，而是遵循厚生年金制度内部再分配机制，将高收入、高缴费的资源转移到低缴费以及免除缴费的一部分群体当中。

（二）厚生年金给付种类

表2－6显示了国民年金、厚生年金以及早期的企业年金（共济

年金）给付种类和计算方法。现行的计算方法是国民年金（基础年金）与厚生年金的给付金额实行通算，国民年金对个人的给付标准是定额制，全国统一，国民年金（基础年金）与厚生年金的给付种类相同，分为老龄年金、残障年金和死亡年金三种。

表 2-6　　三种年金给付的形式

年金类型	国民年金（基础年金）	厚生年金	共济年金（旧企业年金制度）
老龄年金	老龄基础年金（根据加入时间和缴纳金额计算）	老龄厚生年金（根据加入时间和工资级别计算）	特殊给付退职共济年金，退职共济年金
残障年金	残障基础年金（根据残障等级计算，另可加算未成年子女抚养费）	残障厚生年金（根据加入时间、工资级别，以及残障级别计算）	残障共济年金，残障一次性支付金
死亡年金	遗属老龄基础年金（按满额老龄基础年金计算，另可加算未成年子女抚养费）	遗属厚生年金（死者老龄厚生年金的 3/4）	死者家属共济年金

资料来源：根据厚生劳动省 2018 年公布的“公的年金制度”资料制作。

只加入国民年金保险者，只能领取国民年金给付金额；加入厚生年金的雇员以及配偶，可以领取国民年金和厚生年金相加的给付金额；同时加入共济年金者，可以领取三项制度相加的年金给付金额。三种不同年金的计算相互衔接，但不允许重复。

三种年金给付标准金额归纳如表 2-7 所示。

表 2-7　　2017 年三种年金给付标准　　单位：日元/月

国民年金	
老龄基础年金	64 951
残障基础年金（1 级）	81 177
残障基础年金（2 级）	64 951
遗属基础年金（一名子女）	83 633
遗属基础年金（两名子女）	102 325

续表

厚生年金	
标准年金（制度成熟期）	221 277
追加年金部（分配偶/第 1 子/第 2 子每人）	18 691
追加年金部分（第 3 子）	6 233
共济年金	根据缴纳共济年金的额度及利息等一次性支取或者按月支取

资料来源：引自厚生劳动省年金局 2019 年“国民年金保险”相关资料。

（1）老龄年金。65 岁退休以后，可以定期定额终身领取国民年金老龄基础年金以及老龄厚生年金。共济年金大多属于储蓄型年金范畴，退休之时一次性支取的居多，也有与上述两种年金配套每月定期领取的，但共济年金有上限，不保障终身领取。

（2）残障年金。对缴费期发生意外导致伤残者，可以提前从国民年金、厚生年金以及共济年金中领取残障年金，其中还包括未成年子女的抚养费。

（3）死亡年金。被保险人死亡，其家属如果不具有独立领取年金的资格，可以从国民年金、厚生年金、共济年金中获得死亡家属基础年金或者一次性支付金；独立接受年金给付的家属，依照国民年金、厚生年金、共济年金的顺序依次进行支付。

表 2 - 8 显示了 2013—2017 年，厚生年金给付平均标准变化状况。变化特征有三点。第一，厚生年金给付整体水准呈下降趋势，这是近年来为了调整代际负担不均衡以及控制厚生年金给付总额改革带来的结果。第二，60 岁退休和 65 岁退休所领取的年金月额悬殊越来越大，年金改革有利于延迟退休年龄者。例如，2013 年 60 岁退休男性的年金月额为 131 754 日元，而 2017 年为 114 597 日元，

减少 17 157 日元；2013 年 65 岁退休男性年金月额为 183 155 日元，2017 年为 174 535 日元，减少 8 620 日元。第三，女性年金减额幅度低于男性。例如，2017 年 65 岁退休女性的年金月额与 2013 年相比，减少 538 日元，而男性则减少8 620 日元。这是为了解决历史遗留下来的问题——男性的厚生年金给付标准远远高于女性，为体现其公平性，近年来的改革注重缩小男女之间的差距。

表 2-8　厚生年金给付金额统计　单位：日元/月

年度	性别	60 岁	61 岁	62 岁	63 岁	64 岁	65 岁
2013	男性	131 754	96 735	97 759	101 710	105 755	183 155
	女性	49 532	49 541	48 210	96 204	94 958	109 314
2014	男性	129 823	95 763	96 934	100 666	103 330	179 578
	女性	50 360	50 323	49 672	96 204	95 180	108 384
2015	男性	124 261	94 399	97 433	101 255	103 727	178 928
	女性	52 169	51 061	51 214	50 771	96 922	109 180
2016	男性	121 853	120 670	92 332	100 742	103 399	176 655
	女性	53 381	53 326	49 449	51 952	97 761	108 964
2017	男性	114 597	119 480	89 199	95 274	102 572	174 535
	女性	50 272	53 034	54 522	49 299	99 889	108 776

资料来源：根据厚生劳动省年金局发布的“厚生年金保险国民年金事业概况”资料制作。

第二节　企业年金与个人年金

一、企业年金制度沿革

进入 21 世纪以后，由于少子老龄化以及经济发展长期低迷等因素，公共年金的财政压力越来越大。为了实现年金制度的持续发展，2001 年日本国会通过《确定缴费型年金法》该法案亦称日本版 401（K）计划，希望能够积极推动企业年金和个人年金的扩展，寻求多重支撑年金发展的支柱。目前，企业年金已经成为年金制度的重要组成部分。

日本企业年金具有悠久的历史，早在明治时期已经在邮政、铁路、重工业等国营企业和大企业推行。鉴于当时没有公共年金制度，各个企业推出的年金措施一是为了预防风险，二是为了防止雇员跳槽，从而是一项封闭性制度体系。此后不管是经济快速发展时期或者经济衰退时期，企业年金作为公共年金的有效补充形式，获得较大发展空间，目前大约90％以上的企业采用了企业年金制度。追溯第二次世界大战后日本企业年金制度的发展过程，可以看到它的发展经历了三个重要的转型时期。

（一）企业独自经营阶段（1952—1996年）

从明治时期到第二次世界大战结束，虽然部分具有官方背景的企业和大资本企业开始推行一次性支付退职金制度，但未普及。1945年第二次世界大战结束以后，企业年金伴随日本经济快速发展逐渐成为一项约定俗成的企业文化从而得到确立。1952年政府认同并推动企业年金发展，在税收上给予一定的优惠政策，确立了企业年金的法定地位。为了雇员职业稳定并吸引优秀人才任职，中小企业也模仿大企业建立了退职金共济制度、特定退职金共济制度等，将其与终身雇佣制度相配套，作为一项职工福利由企业出资为雇员储蓄，待退休时一次性支付。因而，在一家企业供职时间越长越有利。在经济快速发展时期，财力雄厚的大企业为了吸引优秀人才，不断提高退职金额度，引发了中小企业的强烈不满。1966年，日本对退职金制度进行改革，各企业接受政府建议建立了厚生年金基金制度，奠定了相对统一的企业年金基本框架。1967年，企业自主成立企业年金联合会，具体协调企业年金事务。

这一时期企业年金的运作方式分为两种类型。

第一，厚生年金基金方式。保险费由雇主和雇员协商而定，大多数企业采取雇主和雇员两者折半负担，也有企业采取雇主多缴、雇员少缴的方式。厚生年金基金的人员条件为雇用500人以上企业可以独立建立基金，中小企业联合建立基金需要雇用人数达到800人以上。拥有3 000名以上参保者的联合协议会也可以自建厚生年金基金计划，这个计划允许部分保险费通过向政府年金体系缴费来获取协议转让，换取其承诺厚生年金收益实现130%的目标。经办组织——厚生年金基金法人，作为企业和个人之间的中介组织，承担具体协调事务。厚生年金基金法人同时还掌管厚生年金相关事务，在具体运作时企业年金积累金与厚生年金积累金有一定衔接。

表2-9显示了厚生年金基金计划的运作方式。厚生年金基金计划为了适应不同企业的需求，设计有不同的企业年金形式，由企业自主选择。按照给付形态分为加算型、代理型、融合型；按照经营方式分为单独型、联合型、综合型。

表2-9　　厚生年金基金计划运作方式

按照给付形态分类	加算型：厚生年金给付与企业年金的附加部分一起计算 代理型：限定在厚生年金给付部分，附加部分不计算在内 融合型：与独自成立厚生年金基金的机构（如公务员系列、私立教职工系列）共同协作或者共享
按照经营方式分类	单独型，联合型，综合型

资料来源：参考鈴木登樹男2001年出版的《この1冊で年金会計がわかる，できる》制作。

厚生省对厚生年金基金计划的资金运作进行指导，但是不直接参与运营。由于受经济和金融国际化影响，厚生年金基金运作收益极不稳定。2014年4月国会再次对《厚生年金法》进行修改，决定 5 年之后解散厚生年金基金，将其一部分业务移转到新创建的企业年金制度中去，10 年以后全部废除厚生年金基金所有业务。

第二，适格退职年金[①]方式。参加者多为中小企业，具体运作方式是企业按照雇员人数出资作为保险资金，用于雇员的退职金。退职金的运营委托生命保险公司或者信托银行，有关减税以及退职金发放等事务一并交由委托方办理，没有具体的被保险人参与。根据 1962 年政府颁布《适格退职年金》的行政法令，明确了依据《法人税法施行令》第 159 条规定，获得国税厅审核认可的企业，用于雇员年金保险基金积累的部分不再作为工资的一部分征税，免除所有税务负担，企业出资的保险费实际上是被政府免除的法人税。这种运作方式非常封闭，同时，随着给付人数增加、积累基金逐渐减少以及金融危机等带来的影响，适格退职年金资产运营陷入困境，2002 年以后不再批准，既存合同维持到 2012 年 3 月止。

上述企业年金资金的运作和管理，由企业与厚生年金基金和企业年金基金签订协约委托代管，政府不予干预。

（二）赋予企业年金公共色彩阶段（2002—2011 年）

泡沫经济的崩溃，给以积累方式运作的企业年金带来了致命打击，厚生年金基金出现大量赤字，难以为继。同时，伴随老龄化、长寿化问题的深化，国民年金给付水准不得不逐渐下降，仅仅依靠公共年金难以保障年老后的经济生活，对于具有补充公共年金功能的企业年金的需求越来越大。这双重问题让重建企业年金制度提到

① 适格退职年金指需要满足一定的条件，经国税厅批准成立的一种企业年金。

议事议程。1997 年日本开始尝试推行具有避免经营赤字效果的确定缴费型企业年金制度。

2001 年国会通过《确定缴费型年金法》（又称 DC 型企业年金），并于 2002 年 4 月开始实施。颁布此法的目的在于将分散的厚生年金基金和其他企业年金经营组织整顿合并，解决泡沫经济带来的企业年金债务问题。引进美国 401（K）年金方式是为了应对以下两个社会变化趋势。第一，以终身雇佣为特色的企业制度，进入了高失业、高流动的时代，以终身雇佣体制为前提的企业年金制度，不得不重构体制和经营方针。第二，经济日趋国际化，特别是会计制度的国际化所带来的时价会计的新理念和方法，使日本企业长期以来背负的年金债务问题表面化，需要逐步清理挤压的债务。

2001 年出台《确定缴费型年金法》对企业年金的加入审核、运作和管理进行了规定。第一，加入对象原则由企业进行规制，不得以任何理由歧视和拒绝满足条件的对象参与。第二，给付种类分为老龄给付、残障给付和遗属给付，参保三年以上希望退出企业年金时支付一次性年金。第三，新设个人年金参保对象、缴费与收益的规则。第四，保险费由雇主和雇员根据协议定期定额缴纳。基金资产运作，由金融机构代管或者自己独立运作，同时允许企业年金在同一制度内部移动或者转并。第五，原则上在 60～65 岁全部缴清保险费，参保年限不得超过 20 年。第六，年金类型分为确定缴费型（DC 型）和确定收益型（DB 型）两种。拥有厚生年金基金的大型企业多为 DC 型企业年金，通过签约委托外部代理的中小型企业多为 DB 型企业年金。

DC 型企业年金允许建立个人账户，从而方便了雇员的职业流动，明确了企业年金负担额，推进了新会计标准制度普及。这种方式虽然是带有强制性的个人储蓄倾向，但是个人可以自由选择投保金额，也可以自由选择投保资金运作方式。2002—2003 年，企业年金在《确定缴费型年金法》的基本原则之下，进行了大幅度的转轨改革。政府允许厚生年金基金以及适格退职年金在规定的时间内实现向 DC 型企业年金转移，并允许设置企业或个人 DC 型年金。DC 型企业年金主要面向雇员的工薪族，DC 型个人年金主要面向 20～60 岁的个体户和农民等。2004 年修订《厚生年金法》，从法律上明确了以 DC 型年金为主体的企业年金是厚生年金的重要补充形式，赋予了企业年金公共年金的色彩（见图 2－3）。

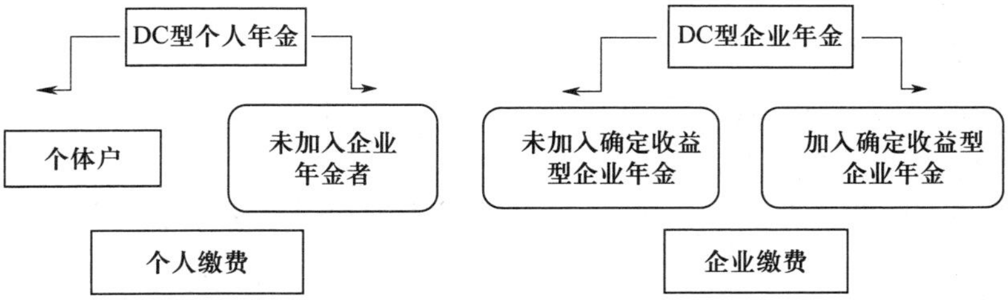

图 2－3　DC 型个人年金和 DC 型企业年金示意图

资料来源：参考日本年金机构发布的 2019 年企业年金相关资料。

日本的企业年金基金运作，在相当一段时间内被信托银行和人寿保险公司业务独占，从 1990 年起投资顾问公司可以参与资产运作，之后形成信托银行、人寿保险公司和投资顾问公司三种业务形态公平竞争、公平参与的机制，也为企业年金资金运作创造了自由竞争、互相监督机制，从而保障资金的安全运行。

（三）企业年金结构改革阶段（2012 年至今）

这一时期的改革政策主要体现在 2011 年出台的《确保年金支援

法》以及2014年再次修订的《厚生年金法》中，两项法律对年金参保者的参保记录和收益计算等程序进行严格审核和监督，防止遗漏或重复等有损参保者利益的事件发生。同时，法律还规定2012年废止适格退职年金制度，厚生年金基金在2019年完成向DC型与DB型企业年金转移；提高企业年金给付年龄，确定收益型企业年金由原来的50～60岁提高为50～65岁等事项。

两项修改法案推行企业年金改革的背景主要是2008年金融危机。在金融危机前，企业年金和个人年金基本由民间和市场操作，政府不直接干预，不承担损益责任，企业年金的资产运营收益率呈正增长。但是金融危机使运营收益率转为负增长，一些企业财力匮乏，无法履行企业应该提供的支付额度，引发多起大型的法律诉讼案件，这导致人们对企业年金资产运营的可靠性产生怀疑，一度出现退会、退保等现象，参保人数急剧下降，企业年金制度面临能否持续发展的危机。为了解决企业年金面临的危机，厚生劳动省开始注意强化对其的监督管理，并将企业年金运作状况与公共年金一样公布于众，每年通过“厚生年金保险以及国民年金事业年报”①、企业年金联合会的“财政状况的相关统计”②等形式，公开参保人、领取人人数、发放金额（支出）以及财政收支等的情况，实行社会监督。同时，积极推进企业年金和个人年金的法制化和制度化，给予制度和政策支持。企业年金重要政策梳理见表2-10。

---

① http：//www.mhlw.go.jp/topics/bukyoku/nenkin/nenkin/toukei/nenpou/2008/.

② https：//www.pfa.or.jp/activity/tokei/nenkin/suii/suii02.html.

表 2-10　企业年金政策一览表

时间	政策内容
明治时期	退职金、私人年金
1952 年	这项作为一次性支付的退职金制度得到政府承认，并予以企业免税优惠
1956 年	鉴于支付给个人的一次性退职金金额过高，将支付金额减半（2000 年废止）
1959 年	建立中小企业退职金共济制度、特定退职金共济制度。但是，经济快速增长时期退职金额不断上升，费用的平均化问题显著
1962 年	设立适格退职年金制度
1966 年	设立厚生年金基金制度
1989 年	日本年金精算人会设立（消费税制度开始实施）
1990 年	厚生年金基金设置投资顾问职务
1991 年	创设国民年金基金联合会（泡沫经济崩溃）
1992 年	厚生省设置企业年金课
1993 年	设置特例适格退职年金
1997 年	推行厚生年金基金财政运营标准制度，强化基金运作
2000 年	实施退职给付新会计标准制度
2001 年	通过《确定缴费型年金法》《确定收益型年金法》，决定 10 年以后废止适格退职年金制度；厚生省与劳动省合并为厚生劳动省
2002 年	厚生年金基金业务逐渐由确定缴费型企业年金基金及确定收益型企业年金基金代管
2004 年	修订《厚生年金法》
2005 年	厚生年金基金联合会改组为企业年金联合会，扩大企业年金范围并强化管理
2006—2009 年	企业年金研究会对企业年金制度以及经营状况进行检验，并发表验证结果
2010 年	撤销社会保险厅，创设日本年金机构
2011 年	公布《确保年金支援法》，确定收益型企业年金给付年龄从 50～60 岁提高为 50～65 岁；确定缴费型企业年金给付年龄提高到 65 岁
2012 年	修改《确定收益型年金法》，废止适格退职年金制度
2013 年	《厚生年金法》修订，厚生年金基金在此后五年之内解体；社会保障审议会中新设企业年金分科会
2016 年	修订《确定缴费型年金法》，新设确定缴费型 iDeCo 个人年金
2017 年	扩大确定缴费型 iDeCo 个人年金参保对象范围，家庭主妇可以参保； 厚生劳动省设置企业年金/个人年金课

续表

时间	政策内容
2018 年	创设以中小企业为主要对象的 iDeCo+型年金、简易 DC 型年金
2019 年	国民年金基金大合并，从 72 支基金整合成 3 支基金；社会保障审议会分科会改组为企业年金/个人年金分科会

资料来源：根据厚生劳动省企业年金课以及りそな銀行年金研究所等资料整理制作。

企业年金虽然不属于由政府直接管控和负主要责任的公共年金制度，但是它在确保退休老年人收入，解决公共年金提供的退休金逐年减少所引发的诸多社会问题上具有积极作用。

2016 年创设确定缴费型 iDeCo 个人年金并扩大参保范围，已经加入企业年金的参保者可以同时加入 iDeCo 个人年金，被排除在个人年金制度之外的公务员以及家庭主妇也可以参加，是个人型年金多样化的体现。为了强化政府对企业年金以及个人年金的管理和指导，厚生劳动省将行政窗口企业年金课改制为企业与个人年金课。

二、企业年金制度结构

（一）企业年金结构

企业年金体制由新创设的确定缴费型企业年金（简称 DC 型企业年金）和确定收益型企业年金（简称 DB 型企业年金），以及有历史传统的厚生年金基金、适格退职金四种类型构成。一个企业可以同时建立 DB 型和 DC 型企业年金计划，个人也可以同时参与企业年金和个人年金计划，政府通过财政补贴鼓励中小企业为员工参加 DC 型个人年金计划缴费，保障小型企业雇员年老后的经济收入。

DC 型企业年金和 DB 型企业年金属于新型企业年金，参保者多为中青年工薪阶层。共济年金是为了保持制度延续性而保留下来的旧制度，参保者均为55岁以上中老年工薪阶层；为了降低运行成本，它的一部分业务由厚生年金代管。适格退职年金制度是具有历史传统和日本特色的企业年金制度，个人一般不出资，由雇主根据雇员工资比例投保，退休时一次性支付。根据法律规定，两项旧制度到2019年3月其业务停止，旧制度中的参保者全部移转到新制度。新型企业年金与旧式企业年金相比，个人可以自由选择出资标准，侧重于个人的选择和个人责任，企业、政府的负担和责任相对减轻。

加入企业年金最大的好处在于它可以免缴个人所得税和地方居民税以及手续费，通常购买金融机构的基金或者信托投资所获得的收益或利息需要上缴20%以上的税以及高额的手续费。投保资金运作一般由企业联盟组建的企业年金基金会直接运作。参保者65岁退休以后，可以按照自己规划的给付方式和年限，从企业年金基金中领取。

（二）企业年金参保人数增减状况

企业年金参保者的变化状况参见表2－11，2000年企业年金还是运行的旧制度，其中，适格退职年金参保者964万人，厚生年金基金参保者1 156万人，共计到2 120万人；此后推行新型企业年金之后，旧制度的参保人数骤减，2003年适格退职年金参保者降为777万人，2010年仅仅剩下126万人，从2011年开始适格退职年金制度基本业务停止。此外，厚生年金基金2003年降为849万人，2010年为451万人，2017年仅仅剩下57万人。随着旧制度的逐渐解体，新型企业年金制度进入快速发展时期。截至2017年，DC型企业年金参保人数648万人，DB型企业年金参保人数突破901

万人。

但是，从历史沿革看，2000 年参保总人数为 2 120 万人，推进新型企业年金之后参保总人数出现下降趋势，2003 年减少到 1 832 万人，2005 年减少到 1 649 万人，2015 年减少到 1 597 万人。总人数减少可以归结为两个原因：第一，总体劳动力人口减少；第二，旧制度中投保比例为雇主与雇员折半的居多，或者雇员不直接投保、由企业独自缴纳的实例也比比皆是。新型企业年金制度设计中，为减轻企业负担增大了个人投保比例，也影响到雇员的投保意愿。

表 2-11　　2000—2017 年企业年金参保人数统计　　单位：万人

年度	2000	2001	2002	2003	2004	2005	2006	2007	2008
总计	2 120	2 028	1 946	1 832	1 716	1 649	1 679	1 699	1 695
适格退职年金	964	915	858	777	653	567	506	442	348
厚生年金基金	1 156	1 104	1 053	849	623	525	524	480	466
DC 型企业年金		9	32	71	126	173	219	271	311
DB 型企业年金			3	135	314	384	430	506	570
年度	2009	2010	2011	2012	2013	2014	2015	2016	2017
总计	1 796	1 675	1 663	1 661	1 660	1 650	1 597	1 557	1 606
适格退职年金	349	126	—	—	—	—	—	—	—
厚生年金基金	460	451	440	426	408	363	254	139	57
DC 型企业年金	340	371	422	439	464	505	548	591	648
DB 型企业年金	647	727	801	796	788	782	795	827	901

资料来源：根据日本企业年金联合会 2019 年“企业年金统计”资料制作。

此外，2010 年改革调整后，新型企业年金参保人数不断上升的背景是，逐步深化的少子老龄化导致人口结构急剧变化，以国民年金和厚生年金为主体的公共年金，面临财源不足、年金给付标准逐年下降的局面。公共年金对国民生活保障的力度减退是促进企业年金发展的主要动因。为了进一步普及企业年金，2016 年对《确定缴费型年金法》与《确定收益型年金法》再次进行大幅度修订。其修改重点为：第一，为普及和扩大企业年金创造制度环境；第二，设定多种类、多层次年金项目，满足国民生活多元化需求；第三，改善企业年金基金运作环境，强化对其的监督，确保安全。2016 年的修订赋予了企业年金更多的公共职能。

2019 年开始，厚生年金基金也会根据法律规定停止基本业务，旧制度向新制度的过渡转轨将进入最后阶段。2020 年以后，企业年金将进入以 DC 型企业年金和 DB 型企业年金为主流的阶段。根据 2019 年 3 月末的统计，旧制度厚生年金基金停止基本业务之后，新型企业年金参保人数出现回升，DC 型企业年金上升到 7 492 万人。

（三）企业加入企业年金基本状况

1. DC 型企业年金

参加 DC 型企业年金的多为中小企业，没有能力独自运行管理基金，通过签订契约以规约型方式参加由中小企业组成的联合会，共同决策、共担风险，基金市场运行业务则委托金融机构。表 2－12 显示了 2010—2020 年企业以规约型参加企业年金的动向，其发展状况呈现持续上升趋势。2010 年规约型企业年金签署数量 3 301 件，2020 年上升到 6 435 件。

表 2－12　2010—2020 年企业参加 DC 型企业年金状况　单位：件

年度	2010	2011	2012	2013	2014	2015	2016	2017	2018	2019	2020
规约型	3 301	3 705	4 135	4 247	4 434	4 635	4 964	5 349	5 825	6 161	6 435

资料来源：根据厚生劳働省 2020 年“企業型年金承認規約数の推移”资料制作。

2. DB 型企业年金

DB 型企业年金以规约型参加的企业是雇员在 50 人以下的中小

企业，这是为了尽可能利用较少的运行成本获得最大利益。基金型的参加方式则多为大的行业或者大企业参与的形式，基金独自运行者较多。

如表 2－13 所示，企业参保最高峰是 2011 年，达到 14 985 件，之后呈逐渐减少趋势，2018 年下降为 12 952 件。参保人数也呈逐年增长趋势，2010 年参保人数 647 万人，2018 年增长到 940 万人。

表 2－13　2009—2018 年企业参加 DB 型企业年金状况　单位：件

年度	2009	2010	2011	2012	2013	2014	2015	2016	2017	2018
签署规约型	6 795	9 440	14 373	14 085	13 694	13 282	13 042	12 823	12 542	12 191
基金型	610	613	612	607	602	601	619	684	742	761

资料来源：厚生労働省．企業年金・個人年金制度の現状等について．2020.

根据 2019 年 3 月末的统计，企业签约基金型件数为 744 件，规约型件数为 11 775 件，比 2018 年有所减少。

三、个人年金制度结构和参保状况

个人年金的主要对象是个体经营者和自由职业者。个人年金分两种类型，其一是国民年金基金，2018 年 3 月末参保 37 万人；其二是近年来推出的 iDeCo 个人年金，不局限于行业和职业，有意愿者都可以加入。根据 2016 年 5 月国会通过的年金法改正方案，以个体经营者、无企业年金的企业雇员为主要对象的 iDeCo 个人年金可以逐步扩展到公务员以及家庭主妇等。虽然有意愿参加的人原则上都可以参加，但是也有限制，比如，投保 10 年以上才能够领取年金；如果 65 岁退休，必须要在 55 岁之前参保，中途不能解约。

从表 2－14 显示的数字看到 2016 年 5 月年金法改正方案实施后，参保人数出现快速增长，特别是第 2 号被保险人数量，由于放宽了公务员以及无企业年金的企业雇员可以参保的条件，参保人数迅速增长。2015 年参保人数为 187 206 人，2016 年增加为 339 649 人，2017 年再次出现倍增，达到了 710 381 人。2016 年推行以家庭主妇为对象的第 3 号保险，当年参保者 6 205 人，2019 年增长为 53 308 人。

表 2－14　　2009—2019 年 iDeCo 个人年金参保状况

年度	2009	2010	2011	2012	2013	2014	2015	2016	2017	2018	2019
第 1 号被保险人	41 202	43 567	46 295	50 996	57 133	62 934	70 373	85 075	120 144	148 326	177 876
第 2 号被保险人	70 861	81 339	92 280	107 213	126 410	150 010	187 206	339 649	710 381	1 024 319	1 331 649
第 3 号被保险人								6 205	23 198	37 392	53 308
总计	112 063	124 906	138 575	158 209	183 543	212 944	257 579	430 929	853 723	1 210 037	1 562 833

资料来源：厚生労働省．企業年金・個人年金制度の現状等について．2020.

总之，个人年金发展顺利，2009 年参保总人数仅有 112 063 人，2015 年为 257 579 人，改革之后的 2017 年增长到 853 723 人。截至 2020 年 3 月（2019 年度），iDeCo 个人年金参保总人数突破 1 562 833 人。个人年金可以自由选择缴费方式和缴费金额，参保者享受减免 20％所得税、10％居民税的优惠。在银行利息处于零利息的情况下，参保个人年金是一个很好的选择。

缴纳保险费的标准根据参保对象的不同状况，设定有不同标准。第 1 号被保险人投保月额不超过 6.8 万日元。第 2 号被保险人情况比较复杂，如果所在企业没有企业年金的，投保月额不超过 2.3 万日元；所在企业有企业年金的，投保月额为 1 万到 2 万日元。第 3 号被保险人月额不超过 2.3 万日元。

第三节　年金制度改革的理论探讨

年金制度是社会保障制度中最主要的支柱，围绕年金制度建构和改革的争论始终没有中断。参与争论者有政治家、政策执行者、学者、民间团体等，涉及领域广泛。本节主要对争论的焦点加以概述。

一、年金制度结构改革的讨论

从21世纪初期开始，围绕着年金制度结构改革的基本方向，日本国内展开了一场持久的争论。日本的国民年金制度是在经济快速发展、国家财政充裕，以及中央政府高度集权这样的特殊背景下一气呵成的。但是经济发展进入减速时期的20世纪80年代，以国家财政和中央集权为后盾而确立的年金制度，呈现了收支不平衡的结构性矛盾。20世纪80年代中期以后，围绕年金以及年金改革问题，日本国内各界开始了反思和重构制度的动向。理论界作为先导围绕以下几个问题展开了讨论和争论。

（一）年金保险的财政问题

争论焦点是维持社会保险积累方式，是推行保险积累和税制混合方式，还是仿照北欧国家推行完全税制方式。20世纪60年代设计的年金保险财政是基于社会保险的积累理念，但随着国内外经济和社会发展形势的变化，积累型的年金体系受国内外金融危机的影响，暴露出很多结构性问题。

一是应对国际性金融危机能力脆弱。1973年的世界性石油危机引发的金融危机，对积累型年金基金运作带来的冲击给日本留下了深刻教训。二是逃避缴纳或者无经济能力缴纳保险的人数逐年增长，国民年金空洞化问题始终找不到妥善的解决方法。进入21世纪以后，国民年金空洞化问题越来越明显。2008年金融危机之后，定期定额缴纳国民年金保险费人口占应缴纳国民年金人口的53.9％，由于种种原因没有缴纳或者延缓、免除缴费者占46.1％。此后，定期定额缴纳者所占比例呈持续减少趋势，2011年减少到48.6％，2014年减少到47％。其中，20～34岁年龄段的缴纳率最低不足30％。而在20世纪90年代，日本国内经济发展水平虽然处于低迷时期，但国民年金缴费率仍然维持在85％左右。近年缴费率逐年下降的背后是对国民年金持不信任感，年轻一代的抗拒心理尤其明显。厚生劳动省曾进行年金保险缴费状况调查，代表年份的缴纳状况见表2－15。

表2－15　代表年份国民年金缴纳状况调查　（％）

年份	全额缴纳	第1号被保险人缴费期间滞纳	申请全额减免	学生延迟缴纳	青年延缓缴纳
2008	53.9	23.6	11.2	9.3	2.0
2011	48.6	26.2	13.2	9.9	2.2
2014	47.0	23.1	15.7	11.3	2.9

资料来源：厚生劳働省．平成26年国民年金被保険者実態調査結果の概要．2015.

注：因四舍五入，存在加总不绝对相等的情况。

鉴于面临的上述问题，学界和政界多数意见认为，国民年金采取税收方式缴纳，可以彻底解决目前最为棘手的逃避缴纳保险费问题，同时也可以减少为征收国民年金保险费所花费的行政成本。

采取税收方式比较可行的是提高个人所得税和消费税。但是，所得税方式的难点是，不容易把握个人的收入所得，特别是个体经营者的收入，如果提高所得税率又必将面临偷税漏税的问题，消费税的方式不存在把握个人收入所得的问题，有消费活动必然需要缴纳消费税，这是最能够保证财源的方式。另外，对于投资和储蓄的资金不征收消费税，这样也有利于鼓励人们投资和储蓄，对于经济的恢复有一定积极的作用。但问题是，如要解决目前的国民年金空洞化问题，消费税的税率需要提到10%以上，这么高的消费税率，而且是直接从每个国民日常消费里扣除，是否能够获得国民的理解和支持，有待商榷。此外，根据现行政策，厚生年金参保者的保险费企业承担50%，如果改为税收方式的话，企业需要承担的部分以什么样的形式来支付也是需要慎重解决的问题。

最终的争论结果是依然采取保险积累和税制的混合方式，但会逐步加大税制比例，将消费税提高到10%，保证社会保障的固定财源。

（二）国民年金与厚生年金的统合问题

国民年金和厚生年金被定位为由政府掌控的公共年金。国民年金覆盖全体国民，具有低水准、广覆盖特点，以保障国民最低生活为目的。厚生年金主要是保障工薪阶层和家属年老后生活以及人生中途的生活风险，是保障水平在最低生活水平之上的附加年金。其目的是工薪阶层群体在退休之后的生活水平和生活质量不至于有太大的起伏。虽然个体经营者以及农民没有参加厚生年金，但是他们的土地、房屋资产以及持有的生产资源，可以获取一部分生活资源作为自我保障，政府通过国民年金制度保障其年老后最低生活水平。

国民年金采取基金积累方式运行，费率统一，缴纳的保险费以国民年金基金的形式投入金融市场运作，防范金融风险。厚生年金推行赋课方式（即现收现付方式）运行，即以在职人口缴纳的保险费来负担当下退休人口的年金，参见图 2 - 4。

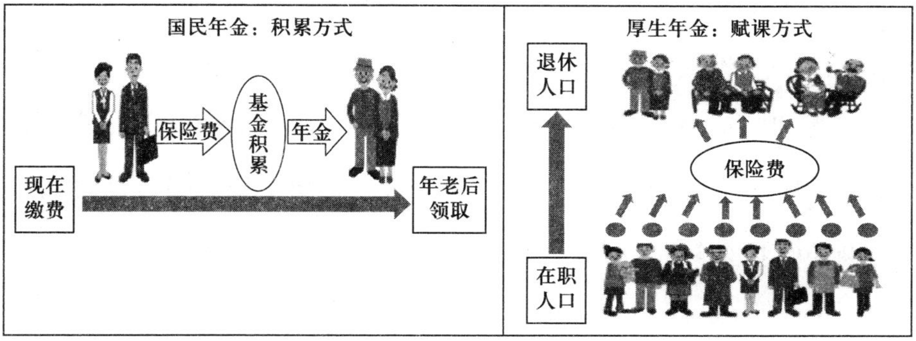

图 2 - 4　积累方式与赋课方式

资料来源：厚生劳働省．公的年金制度の概要．2018.

赋课方式由于受劳动人口减少、扶养人口增加以及长寿化等人口结构转型带来的影响，出现缴纳保险费人口急剧减少，领取年金人口增加的倒金字塔现象，导致厚生年金财政入不敷出的艰难状况。厚生年金制度改革的争论焦点是年金财政应推行“大政府”还是“小政府”的政治主张的分歧。以瑞典模式为代表的“大政府”派主张提高税率，在扩大赋课方式的基础上实行国民年金和厚生年金一元化管理，体现普世价值的年金制度。以英美新自由主义模式为代表的“小政府”派提出进一步提高厚生年金缴费率，并将财源相对固定的厚生年金合并于国民年金之中，强化互助共济功能，实行一元化管理，这样可以大大减少政府对国民年金的财政补贴，减轻国家财政负担。两者的争论最终在逐步实现一元化管理思路上找到了妥协点。[①] 目前，正在尝试推进的以社会保障与税制一体化改革为前提的年金制度改革，是上述争论中找到的一个思路。

① 加藤久和．年金制度改革をめぐる論点．国立国会図書館，2003.

（三）国民年金与社会救助给付标准

在具体操作层面上关于如何确定国民年金缴费标准也曾引起争议。现行的国民年金给付最高月额是64 941日元，而生活贫困接受社会救助的独居者的救助月额是84 000日元。缴纳40年保险费后最终的国民年金给付标准却低于社会救助标准。这是因为社会救助的给付标准将根据每年国民生活平均水平进行浮动，国民生活平均水平呈每年上升趋势，社会救助给付标准也会水涨船高。而国民年金给付水准则根据财政预算每5年进行一次调整，如果财政预算赤字多，将会降低国民年金的给付水准。国民年金在创立之初，其给付水准的设定高于社会救助标准，由于此后评价体系的不同，导致了制度上的不公平。接受社会救助的人多数享受减免缴纳保险费的待遇，个人账户积累多为空账。相比之下，两者的权利和义务出现失衡。这种由于制度结构上的矛盾带来的新的不公平问题正逐步纠正。2006年以后，取消了附加在社会救助费中的老龄津贴部分，缩小了两者之间在给付水准上的差距。

二、延迟退休年龄的讨论

2020年3月日本内阁会议通过了《国家公务员法》修正案，从2022年起，公务员退休年龄每两年上调1岁。为了解决劳动力不足以及老龄化带来的年金财政压力，自民党安倍政权一再抛出“终身不退休社会”理念，日本政府在未来投资会议上表示，为了让有意愿工作的人可以70岁以后退休，拟规定企业要努力确保高龄人员的工作机会。日本现行法律已经规定，企业有义务通过废除退休制、延迟退休年龄或引进继续雇佣制度。目前一部分企业已经开始试行法定退休年龄65岁，有意愿继续工作的雇员可以将退休年龄上限提高至 70 岁。

早在 20 世纪 70 年代日本就已经开始讨论延长退休年龄问题，因为第二次世界大战后，日本企业的法定退休年龄为 50～55 岁，20 世纪 70 年代中期媒体和学界开始讨论延长退休年龄问题。雇员和雇主对延长退休年龄没有更多的利害冲突，同时，采取逐渐延长和个人自由选择方式，没有引起更多的社会冲突。进入 20 世纪 80 年代，在经过各界充分讨论的前提下，开始了延长退休年龄到 60 岁的制度设计，此后，随着社会经济发展和人口结构以及人口寿命延长等多种因素变化，延长退休年龄持续成为讨论的话题。

《劳动基准法》《高龄者雇佣安定法》等相关法律是具体对退休进行规范的法律。从多次的法律修订退休年龄的变化可以看出它经历了一个比较漫长的政策制定过程。1986 年相关法律修订第一次涉及退休年龄，规定企业应努力创造条件，将退休年龄延长到 60 岁；1990 年法律修订规定，企业应努力争取对退休人员继续雇用；1994 年法律修订规定，禁止企业推行 60 岁以前退休制；2000 年法律修订规定，希望企业努力争取实行 65 岁退休制；2004 年法律修订规定，作为一项社会义务，希望企业阶段性地实行 65 岁退休制度；2012 年法律修订规定，对希望 65 岁退休的雇员企业有义务推行 65 岁退休制。2013 年推行修订后的《高龄者雇佣安定法》，要求所有企业在 2025 年全部实行 65 岁退休制；2020 年《国家公务员法》修正案决定将国家公务员退休年龄从 60 岁延长至 65 岁。

2018 年以后，安倍政权提出“终身不退休社会”理念，并提出了年金给付年龄推迟到 70 岁的计划方案，2019 年再次提出了年金给付年龄根据个人意愿可以推迟到 75 岁的倡议。不断推迟退休年龄以及领取年金的时间是基于以下几点。其一，平均寿命延长。2018年平均寿命男性81.25岁、女性87.32岁，而1960年日本人的平均寿命男性65.32岁、女性70.19岁，58年的时间男性寿命延长了15.93岁、女性寿命延长了17.13岁。根据人口寿命预测，2060年男性寿命84.19岁，女性寿命90.93岁，长寿化趋势将一直延续下去。其二，根据测算，被保险人一生缴纳的保险费可以供给其15年的年金给付，如果领取年金时间超过15年，将会出现个人缴费与年金收入的收支失衡，年金出现财政赤字。根据人口的寿命延长趋势，必须提高领取年金的年龄，否则，年金制度难以持续。其三，劳动力人口减少。根据对劳动力市场预测，2025年各个行业劳动力短缺接近500万人，需要健康和有意愿继续工作的老年人继续参与社会经济建设，期待能够有160万名60岁以上老年劳动力的加入。①

总之，延长退休年龄已经是不争的事实，但是对继续工作的老年人工资待遇以及护理保险、医疗保险、失业保险的缴费水平如何体现社会公平，是目前关注的问题。

三、生育期间免除缴纳年金保险费

从发展趋势看，年金制度推行中面临的最大难点是出生率的逐年下降，带来扶养人口增多、劳动人口减少的问题。政治家以及学者提出有必要将鼓励生育政策与年金保险政策联动，建议将育儿家庭抚养孩子所付出的代价作为一种社会成本反映到年金政策中。例如，多子女家长的年金缴费率可以适当减少，将道义上的养老和抚

---

① 参考日本总务省2015年“劳动力调查”。

养义务通过政策制度化。实现生育政策与年金制度联动，将社会抚养负担具体分配到社会成员或家庭是一项非常复杂的工作，至今尚未找到可以全面普及的可行之策。

厚生年金自 1995 年以来，免除了参保者在生育休假期间缴纳年金保险的义务，最长可达 3 年；从 2019 年 4 月开始，国民年金也开始免除参保者在生育休假期间缴纳年金保险的义务，最长 6 个月。免除缴纳期间视同缴纳，一并纳入年金给付计算年限。

四、年金基金管理民营化

如何实现年金积累金的保值和增值，是学界持续研究的热点。更多意见认为，政府应该从直接掌控基金运营转化到政策指导和监管的角色，基金管理实现专业化、市场化。理论界就年金基金的分权化管理提出三级政府的设想：中央政府的作用是政策运作，协调国际国内关系，为基金投资营造良好环境，提供政策指导；地方政府提供社区服务、养老服务，保障和满足老年人的生活需求，提高他们的生活质量；公民政府作为社会保障基金管理组织，具有公民社会组织的非营利机构性质，实行自主、自治管理。仿照法国和德国通过选举推选社会保障基金管理的代表者，由社会保障基金直接进入生产领域和资本领域进行运作。

五、年金给付走向货币与实物并举

至今为止，年金给付均采用单一的货币支付方式，能否实现货币与实物或者服务并举的混合方式，是近年来的新话题，其主要背景是：随着高龄老年人的增加以及患有老年认知症和卧床不起病症老年人的增加，不能够有效使用和管理货币的老年人也同样在逐年增加。高龄老年人消费能力的弱化，会极大影响社会整体的消费水平，影响经济发展。所以，单一的货币支付方式显然不能满足全体老年人的需求，高龄老年人的主要消费集中在护理服务、住宅改建、医疗等项目，对于这些主要消费项目能否考虑以提供实物或者提供服务的方式支付年金，引起各界的普遍关注。

上述有关社会保障制度改革的讨论，对日本社会保障制度改革和重建起到积极作用，大多数理论构想和制度设计被逐渐采纳和实施，社会保障制度发展需要理论和理念引领已经成为一种共识。

第四节　年金制度改革过程

20 世纪 60 年代日本创建国民年金制度，将年金保险覆盖到全体国民，奠定了日本公共年金制度的基础。国民年金的主要意义是以国家责任和社会性扶养代替了个人责任和家庭扶养，以保障国民最基本的生存权利。20 世纪 60 年代是日本经济发展的黄金时期，国家经济发展是推动国民年金普及的决定性因素。进入 20 世纪 80 年代以后，一是日本经济从快速发展进入低速发展，之后进入负增长阶段；二是人口老龄化和生育率低下引发了人口结构急剧变化，产生了被扶养老年人口增加，而承担扶养责任的劳动力减少的矛盾；三是经济全球化给以积累制为核心的年金运作机制带来不可预测的风险。鉴于以上国际社会以及日本国内社会环境的诸多变化，20 世纪 60 年代设计的公共年金制度在 20 世纪 80 年代中期以后进入了政策频繁调整和结构性改革时期。

1985 年国会通过《国民年金法》修正案，新法在 1986 年 4 月实施，从而拉开了年金制度改革的序幕。自 1959 年颁布《国民年金法》、1960年展开“国民皆年金”制度建设以来，这是该法第一次进行大幅度修改。这次的年金修改法被称为日本年金制度改革的里程碑事件，它为构建三层次年金制度体系奠定了基础。

法律修改的主要宗旨有三点。首先，以国民年金为母体，新设基础年金，将国民年金的适用范围扩大至20～60岁的全体国民。旧制度的国民年金限定在个体经营者、农民等群体，加入厚生年金者不再加入国民年金，国民年金与厚生年金处于分割状态。基础年金的创立，将厚生年金参保者纳入了国民年金之中。其次，由于新设的基础年金打破了分割状态，确立了一元化的公共年金制度的基本平台。实现了国民年金保险费和给付标准人人统一，忠实体现了公共年金的公平性。最后，确立双重保险网，国民年金是第一层保险网，以雇员为对象的厚生年金建立在国民年金之上，构筑了年金制度的第二道保险网。失业或者中途退职，可以自动转入国民年金。这次改革，匡正了制度间的不平等安排，消除了产业结构兴衰对原有年金分项制度的影响，实现了更大范围的社会互助和保障，并为老龄化社会的到来做好了准备。这次改革仅仅是前奏，自此以后日本年金制度进入了频繁的政策调整和不间断改革的进程。

1985年《国民年金法》的修正和随之而来的年金制度改革正是在上述背景下开始的。具体改革过程和改革内容归纳为以下几个方面，见表2-16。

表2-16　　年金制度改革进程

年份	改革内容
1985	新设基础年金，调整给付与负担之间的不平衡；确立女性独立年金体系，改善残障年金待遇

续表

年份	改革内容
1989	创设国民年金基金；强制性将20岁以上学生纳入国民年金体系
1995	厚生年金定额部分的给付年龄从60岁提高到65岁；对奖金收入部分开始征收特别保险费，同时对处于生育期间的女性免征年金保险费
1996	将年金给付水准较高的铁路系统（Jr）、烟草系统（JT）、电话通信系统（NTT）的共济年金与厚生年金统合
2000	降低5%的厚生年金给付水准，65岁以上的年金额仅与物价上涨挂钩，不再与工资上涨等因素联动；报酬部分的给付年龄从60岁提高到65岁；新设学生国民年金缴纳特例制度（有工资收入之后一并缴纳），免除生育期间雇主的保险费；推行总报酬计算保险费率制度
2004	提高基础年金财政负担比例，引入固定最终保险费水准和自动调节给付水准机制；扩大对育儿家庭的补贴力度和范围，夫妇离婚时可以将家庭年金进行分割、分别支付，减免国民年金保险费、实行多步骤分别对应；推迟和延缓低收入年轻人缴纳期限；推行国家公务员和地方公务员的共济年金财政一体化改革
2012	缩短领取年金资格年限要求，将过去的参保年限由25年缩短到10年（2017年正式实行）；国家承担基础年金支出的1/2的制度恒久化；将非正式就业雇员纳入厚生年金体系，扩大保险范围（2016年10月正式实行）；免除产假期间的保险费，遗属基础年金保障对象扩大到父子单亲家庭，被雇佣者年金制度一体化；新设年金生活者支援给付金制度（针对低年金收入者，2019年10月正式实行）
2013	调整厚生年金基金制度，低收入年轻人缴纳期限可以延缓，最长可延缓到2025年
2014	推迟和延缓缴纳制度扩大到30～50岁人口，允许采取一次性补缴5年保险费的补救措施
2016	2016年12月日本国会通过《年金改革法》

资料来源：参考广井良典等人2019年编著的《社会保障》。

一、年金制度改革第一阶段（1985—1995年）

以1985年《国民年金法》修正为契机，对处在分立状态多头运行的公共年金体系进行大幅度改革，确立了基础年金体制，为一元化改革打下了基础。改革成果主要体现在确立了两层次公共年金结构体系。其一，通过新设老龄基础年金制度，实现国民年金一元化；其二，统合各自分立的厚生年金和共济年金，确立以工薪阶层为对象的第二层次厚生年金体系。这次年金制度改革的政策目标是摆脱至今为止以增量为目标的改革，在尽可能不增加社保财政的前提下，通过结构改革使现存资源利用更合理、更公平，因此称这次改革为结构性改革。

（一）改革动因

1985 年进行结构性年金制度改革的背景和动因可概括为以下几个方面。

首先，20 世纪 60 年代实施“国民皆年金”制度时，正值日本经济发展走向高峰、财政充裕时期。当时日本政府追求经济发达国家推行的福利国家模式，并宣布日本已经向福利国家迈出了第一步。这一时期，政府积极推动提高年金给付标准，同时，导入年金给付随物价上涨自动递增机制，年金收入成为退休后老年人主要经济来源，解除了老年人养老的后顾之忧。“国民皆年金”政策把公共年金制度发展推向了一个扩展时期，并取得了国民对年金制度的信赖和依赖。但是，20 世纪 70 年代以后，经济发展减速出现大量失业，破产企业和失业人员无财力缴纳保险费，保险费收入急剧减少。保险费收入减少不能以削减老年人年金给付水准为代价，因为一旦降低给付水准，国民将会失去对公共年金制度的信任，引起社会动荡不安。为了摆脱困境，中央政府不得不通过发行国债等形式填补年金保险基金的空洞。由于制度设计之初是以经济发展始终会处在不断上升的状态为前提，未能够充分预测到世界性经济危机对日本经济冲击如此之大，也没有预料到经济发展会长期在低谷徘徊，致使进入 20 世纪 80 年代以后，日本年金保险财政陷入了恶性循环，这种负面因素一直影响到现在。其次，年金体制之间的差距拉大。各个独立运营的年金共济组合之间、年金基金规模之间、年金给付标准之间，以及参保人之间存在的差距越来越大，年金制度内部之间的不均衡、不平等问题导致社会矛盾大量出现。最后，少子老龄化的人口结构急剧变化的问题凸显，以往被置于私人领域的护理老人、生育问题被提到公共领域，迫切需要政府通过各种社会政策干预和社会津贴来应对。社会保障财政支出的规模和范围逐渐扩大化。

（二）改革内容

第一，对年金保险费征收年龄进行调整。为了应对老龄化问题，1994 年日本决定将厚生年金第一层次的基础年金给付年龄从 60 岁提高到 65 岁，通过渐进的方法逐步过渡，2010 年全部实现 65 岁时给付，与国民年金同步。对奖金收入部分征收特别保险费，同时对处于生育期间的女性免征年金保险费。另外，为了使国民理解年金，引入国民负担率①的概念，定期公布年金财政及国民负担率状况，接受国民监督。

提高年金给付年龄的主要动因是日本的经济结构和社会结构出现了巨大的变化。在资源和市场上依赖国际社会的日本经济，1973 年和 1978 年的石油危机对其是一个沉重的打击，经济从 10％的增长率跌落到零增长，削弱了国家财政对国民年金投入的财源。另外，产业结构从能源消费型转向加工型产业形态，第三产业就业人口开始增加。20 世纪 60 年代第一产业的就业人口还维持在 32.5％，

① 如前所述，国民负担率是指国民负担的租税率和社会保险费率总额占国民收入总额的比例，是衡量国民承担公共服务领域费用的水平以及政府财政负担轻重程度的指标。当时政府提出的建议是将国民的租税率以及各项社会保险费等的负担率控制在 50％以下。

而到了1980年急剧下降到8.5%，第二产业就业人口从27.8%上升到33.9%，第三产业从39.8%上升到57.6%。在创建国民年金初期，农民是主要的被保险人，产业结构的变化带来的是大量的农村人口流入城市，以农民为对象的被保险人口急剧下降。如前所述的人口老龄化和平均寿命延长的社会背景也是重要原因，此外还有制度设计经验不足的原因。

第二，调整各个保险体系之间由于老年人所占比例不平衡而引起的负担不均衡问题，缩小制度之间在缴纳和给付之间的差距。由于历史原因，日本的职域型年金保险体系繁多，既有历史悠久的船员、矿业年金保险体系，又有国家公务员、私立学校教员以及农林渔业职员年金保险体系，虽然经历过合并转型过程，但到20世纪80年代创建国民年金制度当初，全国仍然有七大保险系列，且各个体系之间的给付水准相差甚大。通过设置第一层次基础年金，将来自七大保险系列的保险费放在基础年金基金池，并通过设置统一的缴费标准和给付标准，在一定程度上缓解了各保险体系之间给付水准不均衡问题。

第三，缓解代际之间负担和收益的不公平。一部分旧厚生年金制度设定的给付标准过高，出现了60岁退休人员的年金高于在职人员工资80%的不公平现象。改革一方面逐步降低年金给付标准，缩小与在职人员之间的差距，另一方面通过对碎片化的厚生年金体系进行统合转并，缓解各类厚生年金体系之间在收入替代率上的不平衡。

（三）改革成功的因素

国内和国际社会对1985年推行的年金制度改革给予了较高评

价。分析其成功的原因，首先对改革做了充分的准备工作，从1975年开始对年金制度改革以及改革方案进行讨论，10年的社会舆论和政策准备让社会各界对这次改革有了理解和充分准备的时间。其次，创设基础年金制度，保障了大部分人在改革过程中的经济利益，缓和了各界对改革的抵制和反对。再次，社会舆论和社会调查的数据完全透明化，让国民意识到降低年金给付水平是政府不得已的选择，获得了民众理解和认可。最后，一批有实务经验和理念的新锐厚生公务员，对促进年金法案以及改革方案的通过起到决定性作用。此后，年金制度改革形成了一个不成文的规律，从改革脉络上看每隔十年都会进行一次大幅度的政策调整。

二、年金制度改革第二阶段（1995—2004年）

（一）国民年金空洞化问题

进入20世纪90年代中期，随着经济发展的长期低迷和人口老龄化加速，年金制度出现了诸多新问题。首先，国民年金空洞化问题更加凸显，特别是中青年人逃避参保或者逃避缴费现象突出。其次，除了以往存在的贫困率上升、职业不稳定等问题之外，社会保障国民负担率不断上升，企业和国民承受能力达到极限状态成为新的关注点。根据日本财务省公布的资料，特别是2000年护理保险实施之后，国民负担率达到35.5%，潜在国民负担率突破47%。[①] 日本并非北欧高福利型国家，但国民负担率却逐渐接近北欧诸国，国内外对日本出现的这一特殊现象极为关注。此外，代际负担义务不公平等问题引起越来越多的中青年阶层的不满。

① 日本财务省主计局. https：//www.mof.go.jp/tax_policy/summary/condition/019.pdf.

此外，年收入在2 000万日元以上的高收入阶层中，65岁以上老年人占20%，维系高水平的年金给付率是否有必要，不少人提出异议。同时，年金基金管理以及基金的保值增值问题也开始受到关注，一直到20世纪90年代为止，日本年金基金运作主要采取信贷方式，信贷主要集中在住宅和教育等公共领域，基金限制进入国际资本市场。由于日本国内经济长期低迷，国内信贷收益低且周期长，对于公共领域的投资很难收回成本，年金基金的投资运作没有能够收到预期的收益。

1998年自民党、自由党、公明党即日本三大政党达成了从2000年4月1日起在全国同时推行护理保险制度的协议。日本政府试图把护理保险制度作为一把打开年金基础结构改革大门的钥匙，通过护理保险重新开辟社会保障财源，缓解年金保险财政压力。配合《护理保险法》的实施，2000年3月开始对《厚生年金法》《国民年金法》等七部有关年金的法案进行修订，年金改革相关法案修订的目的是对年金的保险费缴纳和年金给付制度进行大幅度改革，抑制年金保险财政增长。

（二）提高年金给付年龄

面临新旧两重问题，第二阶段的改革具体体现在六个方面。

第一，根据1985年修订的《国民年金法》，国民年金给付年龄提高到65岁，由于大多数企业仍然坚持60岁退休，退休后可以直接领取厚生年金，这样就造成了厚生年金与国民年金在退休制度上的差距。第二阶段的改革首先从落实提高厚生年金的第一层次基础年金给付年龄开始，于1998年正式实施，力争达到2010年全部实现65岁时领取年金的目标。

第二，推行总报酬计算保险费率制度。以往计算保险费率的基准仅限于基本工资，奖金部分不在计算范围内，为了解决年金财政不足问题，日本将奖金部分纳入计算范畴。工薪阶层的奖金收入占工资收入的1/5到1/3，这项改革将会使厚生年金基金收入增加20%左右。除此之外，将个人工资、奖金之外的各种副业收入也一并纳入计算保险费率范畴。

第三，作为提高生育率的一项措施，继续免除生育期间女性的年金保险费。根据2004年的法律修订，从2005年开始，对为了养育未满3岁儿童，暂时无法工作的女性免除缴纳保险费义务。免除缴纳的期间视同缴纳。与此同时，为减轻企业负担，也免除了雇主在女性生育期间企业承担的保险费。

第四，推行厚生年金一元化改革，解决厚生年金制度之间的不公平问题。具体步骤是将年金给付水准较高的铁路系统（Jr）、烟草系统（JT）、电话通信系统（NTT）的共济年金与厚生年金统合，统合后的年金积累金放在一个池子里进行再分配；同时，降低年金给付较高行业的给付水准，强化厚生年金制度内部再分配功能。

第五，降低5%的厚生年金给付水准，延长缴纳保险费年龄到65岁。提高厚生年金给付年龄，退休以后年金不再因物价上涨自动递增。

第六，新设青年学生10年保险费的追纳补缴特例制度。上学期间暂缓缴纳的国民年金保险费，可待有工资收入之后一并缴纳。

可以看出，第二阶段的年金改革重点是年金制度一元化、缩小各个制度之间在年金给付水准上差距、强化年金制度内部的再分配功能，逐步走向公平化。同时，开源节流，降低年金给付水准，延长退休年龄，提高缴费年限。

三、年金制度改革第三阶段（2004—2012 年）

第三阶段的年金制度改革主要围绕着上阶段通过的年金制度改革方案以及年金改革相关法案提出的配套性改革方针开展，重点抑制年金支出上升，解决公共年金面临的财政危机。提出社会保障与税制一体化改革方案，以寻求可靠的社会保障财源，维持年金制度的可持续性，恢复国民对年金制度的信赖。

2003 年社会保障审议会提出年金制度改革方案，在 2004 年 5 月国会通过，6 月进入正式实施阶段。年金制度改革方案提出的改革举措有以下三点。

（一）年金给付水准与经济发展水平自动浮动

引入固定最终保险费水准和根据经济增长率自动调节给付水准的机制，以保障年金财政收支平衡。改革前的机制是先设定给付水准，然后计算财政负担，改革后的机制是先设定未来财政可能负担的规模，然后在能够负担的规模内调整给付水准。简单地说就是量入为出，以保证财政收支均衡为最重要课题。改革前的厚生年金保险费率为 13.58%，改革目标的设定是每年提高 0.354%，一直到 2017 年缴费率实现 18.3%为止，并且 2017—2025 年的保险费率固定到 18.3%这一水平，然后再决定是否有必要继续调整费率。缴费是劳资双方折半，这就意味着不仅会加重个人的缴费负担，同时也加重了企业的负担。国民年金缴费标准也与厚生年金缴费率的提升同步，从 2005 年开始，每年的月缴费提高 280 日元，截至 2017 年，每月缴费总额达到 16 900 日元之后，固定缴费额并将其标准维持到 2025 年。

引入年金给付与经济发展水平自动浮动机制。即年金给付跟随国民经济发展自动上下浮动，经济负增长时，降低年金给付水准；经济正增长时，提高年金给付水准。改革前的机制是年金给付随工资和物价上涨而自动浮动，实际上 20 世纪 90 年代以后，日本经济一直处于负增长状态，几乎没有出现过正增长，但是，年金给付却随工资和物价上涨持续上浮。因此，该机制的主要目的是改革年金给付随工资和物价上涨而自动浮动所带来的财政负担，控制年金给付率上涨。

（二）年金制度公平化、效率化

（1）提高国民年金的国库负担比例。2004 年以前，国库负担总给付费用的 1/3，改革之后提升到 1/2。财源来自提高消费税增加的收入。

（2）逐渐降低年金的工资替代率，平衡在职雇员与退休雇员的收入差距。2004 年以前的工资替代率为 59.3%，年金给付平均每月 23 万日元以上。通过 20 年的调整，在 2023 年将给付率降低到 50.2%，改革方案确保年金给付水平维持在在职雇员平均工资的 50%。

（3）为改善逃避缴纳国民年金保险费逐年增多的状况，从 2007 年开始，推进多阶段保险费免除制度，在现行的全额免除、半额免除的基础上，又增加免除 3/4 或 1/4 的标准，目的是将更多的人纳入国民年金覆盖网。

（三）改善女性年金

继续改善女性年金问题被提上议事日程。与丈夫年金绑在一起的全职主妇年金，又称为夫妇年金。改革以前，妻子单方提出离婚，原则上不能够分割丈夫的年金；2007 年改革后，离婚以后的全职主妇仍然可以享有前夫应领取的国民年金以及厚生年金总额50%的权利。这项改革的目的是解决越来越显著的女性贫困和女性老年人无年金的问题。

同时，继续扩大对育儿期间女性免除缴纳年金的范围。之前，免除缴纳期限规定在孩子1周岁之内，从2005年开始，免除缴纳期延长到孩子3岁之内，免除缴纳期间视同缴纳。

2009年9月民主党战胜自民党掌握政权，执政到2012年11月结束，虽然是短暂的执政时期，但是民主党在年金制度改革上提出了诸多体现民主党理念的政策。民主党野田内阁在2012年1月，出台了社会保障与税制一体化改革方案。3月30日内阁会议通过并向国会提交了《为确保社会保障财源稳定而提高消费税等税制改革修正案法案》以及《关于地方税法和地方交付税修正案法案》，提出了以提高消费税为主要内容的“税制根本改革”方针。日本社会保障财政负债累累的事实，每个政治家以及每届政府都了如指掌，但是涉及年金改革和增税问题，执政党为了自身的政治利益，不愿做根本性改革，因此才造成了目前的局面。非主流派的民主党，在野田内阁时期，冒着政治风险出台了一系列改革法案，试图借鉴北欧国家经验，通过税制改革解决社会保障的财政危机问题。

四、年金制度改革第四阶段（2013年至今）

2012年12月，自民党在大选中击败民主党重新夺回执政权，日本进入了安倍政权执政时期。安倍在执政时期，配合“安倍经济理论”的推进，为减轻年金保险财政负担展开了全方面的改革，重要的改革举措归纳为五点。

（一）社会保障与税制一体化改革

安倍执政之后，并没有排斥对立派民主党提出的社会保障与税制一体化改革方案，而是继承了这一方案，在取得在野党的支持后加快了这项改革。2013 年配合社会保障与税制一体化改革方案，在日本积极推行社会保障税号制度，并于 2016 年 1 月 1 日正式实施。社会保障税号分个人税号和法人税号，个人税号有 12 位数，法人税号有 13 位数，它主要应用于社会保障、税收的各项业务以及突发事件和灾害时的紧急应对。事实上，社会保障税号制度除了上述三项功能以外，还具有对居民的社会流动和社会安全进行监控的政治目的。个人税号面向全体居民，包括中长期居留和取得永久居留资格的外国人，原则上终身有效。社会保障税号实施之后，将过去分散状态的居住身份证号、基础年金号、健康保险号等统一到这一个编号中，简化了行政手续，降低了行政管理的社会成本。日本政府期待通过设立这一制度，杜绝漏税和逃避缴纳保险费的现象。

2013 年 8 月，安倍政府公开发表《社会保障改革报告书》，首次提出“2025 年日本社会保障”概念，向全体国民渗透社会保障财政危机意识，为下一步提高消费税、保险费，以及降低社会保障给付做舆论准备。2014 年 2 月，设置“社会保险制度改革本部”机构，结合社会保障与税制一体化改革重点主持年金、医疗、护理保险制度的改革。

2014 年消费税率从 5％提高到 8％，当时计划 2017 年再次提高到 10％，安倍政权顾虑民意反对，故将增税推迟到 2019 年 10 月正式实施。根据推算，税率由 8％提高到 10％预计带来的增税收入约为 5 万亿日元，按计划其中约 1 万亿日元用于弥补社会保障费赤字部分，约4万亿日元用于偿还为筹集社会保障费而发行的赤字公债，以缓解财政压力，摆脱以借债维持社会保障财政运行的困境，重建社会保障财政。但是，由于综合出生率日趋低下，为了减轻育儿家庭抚养负担，将预定偿还社会保障债务的费用不得不转移到免费幼儿保育和增加儿童津贴用途上，试图解决迟迟得不到彻底改善的低生育率问题。

（二）颁布《年金改革法》

2016年12月，国会通过《年金改革法》，依法对年金制度进行深层改革。在《年金改革法》第1条中解释了立法目的：提高年金制度的可持续性，确保将来一代年金的给付水准；确保年金基金管理的效率和安全，对基金运营规范和运营组织进行改革。此外还有一个重要的社会背景是，政府如何解决长期被困扰的低生育率问题。近年来为了解决少子化问题，鼓励生育投入的财政急速增加，有限的财政难以全部兼顾，政府提出“全世代对应型”和“面向未来投资”的保障理念，意在纠正以往对老年人投入社会资源过多的问题，将政策趋向提高和扩大儿童津贴的水准和给付范围上。

通过立法推进改革说明改革的阻力太大，需要通过法律程序一步步进行。法律草案提交国会讨论时，遭到在野党以及老年人团体的反对，因为这项法律推行之后，退休以及即将退休的老年人领取年金金额要大幅度减少。反对这项年金改革法案的党派称其法为“削减年金改革法”。在安倍支持下，此法被强行通过。以立法推进改革也表明了年金制度面临危机，如果不进行深层改革，将面临年金制度解体的危机。

《年金改革法》的基本要点归纳为如下四点。

（1）扩大厚生年金的参保范围，将临时工和钟点工等非正式就业雇员纳入保险范围。首先从拥有500人以上雇员的企业开始推行，500人以下中小企业如果劳资双方达成协议也可立即执行。国家和地方公共事业团体，不限人数多少必须推行。

（2）国民年金第1号被保险人在休产假期间，免除缴纳保险费义务，并计算缴纳年限。其财源通过提高国民年金保险费解决（每月每人提高100日元）。

（3）改革年金给付金额计算规则和方法。年金给付金额计算根据宏观经济浮动率进行调整，如果工资涨幅低于物价涨幅，则根据工资涨幅变动计算年金给付金额。

（4）对管理运作年金基金的独立行政法人（GPIF）进行改组。设立合议制经营委员会，决定重大事宜，政府放权给民间。同时，政府会通过评估机制强化对执行部门的监督以及年金基金运营的危机管理。

（三）开创“全世代对应型”社会保障

“全世代对应型”社会保障是2018年10月安倍政府提出的新概念，强调代际再分配，“面向未来投资”的政策也是与“全世代对应型”概念相配套的政策理念。安倍希望在他任期的最后三年期间，逐步实现自民党的政策构想，即寻找社会保障制度的可持续发展能力，从给付和负担两方面进行改革，以适应少子老龄化人口结构变化。

“全世代对应型”社会保障政策的具体内容可归纳为如下三点。

（1）减轻养育未成年儿童家庭的经济负担。2019年10月开始实施免费的儿童保育和教育政策、提高儿童津贴标准等。2020年4月开始，一部分高等教育机构也扩大了对低收入家庭子女学费减免的范围。上述措施是为了应对出生率低下问题。

（2）鼓励老年人推迟领取年金，领取年龄最大可以延迟到 75 岁，推迟领取者年金给付标准可根据推算方式递增。

（3）纠正老年人占用福利资源过多的倾向，实现资源利用均衡。至今为止的政策偏重老年人福利，并且以年龄作为评价指数，忽视老年人经济收入状况的差异。改革提高了有经济承担能力老年人的保险费缴费标准以及福利服务负担标准。改革之前，老年人个人负担的医疗费和护理服务费比例一律为 10%；改革以后，根据个人的经济收入不同决定不同的负担比例，最高负担比例为 30%。

这项改革使政策理念出现重大转折，由老年人自立、自律理念取代了沿袭已久的年轻一代扶养年老一代的传统理念。在政策理念转换背景之下，2019 年 10 月消费税从现行的 8%增加到 10%，2%增税财源按照之前的公约主要用于老年人的年金与医疗给付等，在安倍政权新理念指导下，增税财源被转用于育儿家庭财政补助。安倍的改革涉及中产阶层老年人切身利益，虽然遭到老年人极力反对，但由于老年人参与政治欲望以及老年人政治团体的逐渐衰退，而国会议员逐渐年轻化，强调维护中青年经济利益，从而得到推行。上述政策方针改变是平衡各个集团利益的结果。

（四）拓展企业年金和个人年金

这一时期，作为公共年金的重要补充形式，企业年金和个人年金获得发展。具体的改革措施体现在，2017 年扩大 DC 型个人年金的覆盖范围，之前仅适用于个体经营者、农民以及不能加入企业年金的企业雇员，改革后取消了上述限制，原则上有意愿参加的企业雇员、公务员、家庭主妇都可以参加，也可以同时参加其他的企业年金和个人年金。2018 年 5 月国会通过了《确定缴费型年金法》修正案，创立中小企业 iDeCo 个人年金保险费缴纳制度，当雇员每月保险费合计金额在 DC 型个人年金计划缴费限额内（2.3 万日元）时，政府通过减免法人税等措施对企业予以援助等。

（五）加强年金基金运作的管理

2019 年对国民年金基金进行大合并，将由各都道府县各自经营的国民年金以及行业职能型国民年金基金等 72 支基金，合并为“全国国民年金基金”，目的是实现经营的效率化，强化年金基金事业经营基础。

日本公共年金制度自创设以来，面对经济和人口结构的转型压力，推进了上述四个阶段的结构性改革，其目的是寻找一条持续性发展、能够让全世代安心的公共年金制度体系。

第五节　年金制度评价

美世咨询公司（Mercer）和澳大利亚摩纳什大学的摩纳什金融研究中心（MMGPI）从 2008 年开始，每年定期公布全球养老金指数排名，对部分国家的年金以及人事管理进行评估和业务指导。2019 年 10 月该机构公布了对 37 个国家年金基金积累以及运行状况进行评估后的排行榜，居首位的是荷兰，第 2 位是丹麦，之后依次是澳大利亚、芬兰、瑞典。美国排在第 16 名，亚洲国家中韩国排名第 29 位，中国第 30 位，而日本则排名第 31 位。

这项评价以充足性、持续性、健全性为主要指标，具体包括 42 个小项目。充足性（adequacy）指标指最低年金能否缓解贫困问题、中产阶层的收入替代率是否合理等，即年金给付水准是否能够保证年老后生活的充足性，在此指标评价上日本为 54.6%，中国为 60.5%；持续性（sustainability）指年金制度的覆盖情况和国家责任的体现程序，以及年金基金与 GDP 是否保持平衡、年金债务状况和年金给付年龄等，在此项指标评价上日本为 32.2%，中国为 36.7%；健全性（integrity）是指制度设计、运营水平，以及国民对年金的信赖度等，此项指标评价上日本为 60.8%，中国为 46.2%。日本的综合评价为 E 等级，综合评分为 48.3%；中国的综合评价为 E 等级，综合评分为 48.7%。

2018 年的综合评价日本为 D 等级，2019 年被降为 E 等级。分析报告认为，日本面临的主要问题是老龄化和长寿风险，财政储蓄不足而领取年金的老年人增多且领取年限逐年延长等风险。影响 2019 年评估因素的另一个特殊原因是日本财务省通过媒体告诫国民，今后仅仅依靠年金不足以维持年老后的日常生活，每人需要 2 000 万日元以上的储蓄才能够保障平安度过晚年。日本政府发出的这一信号不仅让日本国民感到震惊和气愤，也对国际社会带来负面影响。针对国民的担心虽然政府出面做了解释并收回这项劝告，但也暴露了日本年金财政面临的新风险和其应对不力等问题。

尽管 MMGPI 的评价体系缺乏一定的客观性，这项评价只是为了给各国提供参考和比较的尺度，并不是绝对评价。因为各个国家的年金体系根据每个国家的经济、政治、文化因素设计而成，都有其本身的合理性。但是，国际社会对日本年金体系的评价和担忧并不是没有道理，日本年金体系面临着诸多需要攻克的难题。例如，根据社会调查，日本近 80%的人对未来经济状况和年金状况抱有不安心理，特别是对未来年金制度的担心程度高于其他国家两倍。日本如何攻克面临的难题，在制度上做进一步改善呢？MMGPI 评价机构的专家建议：（1）适当增加为年老后准备的个人储蓄；（2）改善年金的收入替代率；（3）减少社会保障的债务；（4）提高领取年金年龄；（5）发展企业年金和个人年金。

参考文献

［1］駒村康平．日本の年金［M］．东京：岩波新書，2014.

［2］社会保険研究所．年金制度改正の解説［M］．东京：社会保険研究所出版社，2020.

［3］広井良典．人口減少社会のデザイン［M］．东京：東洋経済新報社，2019.

［4］坪野剛司．年金制度の展望［M］．东京：东京東洋経済新報社，2017.

［5］堀勝洋．社会保障・社会福祉の原理・法・政策［M］．京都：ミネルヴァ書房，2009.

［6］吉原健二，等．日本公的年金制度史：戦後七〇年・皆年金半世紀［M］．东京：东京中央法規出版，2016.

［7］矢野聡．日本公的年金政策史 1875—2009［M］．京都：ミネルヴァ書房，2012.

［8］高木隆司．法本則・附則からひもとく 超解年金法［M］．东京：日本法令，2019.

［9］厚生労働省．https：//www.mhlw.go.jp/stf/seisakunitsuite/bunya/nenkin/nenkin/index.html.

［10］財務省統計．https：//www.mof.go.jp/statistics/.

第三章

医疗保障制度

国际社会对日本的医疗保障体制给予较高的评价。日本全民医疗保险制度以及公费医疗制度不仅保障了所有国民可以公平地利用医疗资源，又保持了较低的医疗保健社会成本，同时日本人的长寿化也是国民健康水平的一个标志。北欧国家多采用公共医疗体制，虽然保障了所有国民公平利用医疗资源，但是制度效率相对较低。美国实施医疗私有化，保持了较高的医疗水准，但是低收入阶层容易被排斥在外。日本推行全民医疗保险，医疗费用由政府买单，但是医疗服务供给则由民间提供，通过公与私的巧妙组合，力图实现医疗制度的公共性与医疗供给的效率性。

在日本社会保障概念中，医疗保险是狭义概念，局限于医疗保险体系；医疗保障是广义的综合概念，包括医疗保险和公费医疗等多重体系。全民医疗保险是医疗保障的主要支柱，但是在医疗保险制度之外，还设置有减轻大病、疑难病等公费负担的高额疗养费制度，以及应对由公害[1]、灾害和贫困等原因导致疾病的公费医疗制度，这两项公费制度是由政府财政支持的，意在保障国民健康和医

① 根据日本《环境基本法》，公害指空气、水质、土壤污染、噪声、地基下沉、异味、食品污染及其他类型的污染等。

疗安全，在实现国民医疗保障上起到重要作用。为了全面理解日本的医疗保险和医疗支付制度，本章采用医疗保障概念。

第一节　医疗保障制度建构过程

1958 年日本颁布实施《国民健康保险法》，将建设全民医疗保险制度正式提到国家议事日程。从 20 世纪 50 年代中期开始，日本政府就开始了国民健康保险制度试点工作，推出《全国普及国民健康保险四年规划》，在全国展开试点工作。根据 1955 年的统计，从业人员的医疗保险普及率已经实现了 73.6%，普及过程中遇到的最大难题是：大约 3 000 万低收入和贫困人口对缴纳医疗保险费有抵触。因此在 1958 年颁布的《国民健康保险法》中，规定了低收入和贫困人口保险费的减免措施，打消了低收入阶层的疑虑，推动了医疗保险普及运动的展开。1961 年普及率达到 100%，日本宣布全民医疗保险制度正式确立，实现了人人享有健康保险的最终目标。

由于医疗保险普及运动是通过政府自上而下推动，在数字统计上实现了全覆盖，但留下了诸多尚未解决的问题。比如，医疗服务供给体系建设不到位，存在有制度没有服务的问题；流动人口“漏保”，保险制度多头管理带来混乱等问题。为了医疗保险制度的健全和完善，医疗保险体制自建立之日起，一直进行着不断的改革和完善。以下对 20 世纪 60 年代到 90 年代末所进行的医疗保险制度改革过程进行梳理。21 世纪以后的制度改革分析，将在各个章节叙述中展开。

一、创建医疗保险制度

（一）20 世纪 60 年代：实现全民医疗保险

在推动日本实现全民医保中起关键作用的是创建了以农民和个

体经营者等非被雇佣者为对象的地域型国民健康保险。地域型国民健康保险创建当初，由于财政积累不足，规定医疗费用由医疗保险负担50%、个人负担50%。以被雇佣者为对象的职域型健康保险由于历史性沿革和有资金积累，医疗费用由医疗保险负担70%、个人负担30%，被保险人家属的医疗费用由医疗保险负担50%、个人负担50%。

既然是全民医疗保险，制度内部的个人负担不公平性、不均衡问题曾引起社会各界的争议。为了改善负担不公平问题，1963年日本将患有肺病和精神病的被保险人的医疗保险给付比例从50%提高到70%；从1968年开始，又将国民健康保险的给付率统一提高到70%，即个人负担30%，解决了职域型保险与地域型保险在个人负担上的不公平问题。日本对大城市和地方城市的医疗机构支付的医疗报酬实行两种价格标准，地方城市的医疗报酬低于大城市，因此导致了医疗资源逐渐向大中城市集中的现象。针对上述问题，1968年日本对医疗报酬标准进行改革，取消两种价格标准，对同一诊疗实施同一报酬标准，消除了医疗机构在地区之间医疗报酬的差距，缓解了大量医生流向大中城市的社会问题。同时为了支持医生在偏远地区开设医院和医疗诊所，制定《医疗融资公库法》，对私立医院和私人开业者提供无息融资，改善偏远地区医疗服务供给不足的状况。

（二）20世纪70年代：扩大医疗给付范围，实施老年人免费医疗

20世纪70年代前期，世界经济危机给处于经济快速发展时期的日本带来冲击，为了维持经济持续发展，扩大内需被提上日程。

医疗保险制度跟随经济发展趋势，开始扩大医疗服务项目以及医疗给付范围，促进国内医疗服务业发展。1973 年日本修改《国民健康保险法》，创建高额疗养费制度，提高分娩给付以及丧葬给付的标准。同时，将 20 世纪 60 年代改革未解决的国民健康保险被保险人家属的医疗给付从 50％提高到 70％，实现医疗给付标准人人平等。但是，政府主导的普遍提高医疗给付标准带来了医疗保险机构支付能力不足、赤字运营问题，为了保证医疗保险机构的正常运转，国家提出医疗保险给付的 10％由政府财政负担。国家对医疗保险制度的干预和财政支持，改变了以医疗保险互助共济为重心的健康保险体制，逐步开始朝着国家干预下的医疗保障方向发展。

根据调查，日本老年人的发病率高出年轻人 5 倍，但是老年人的就诊率仅仅比年轻人高出 1.5 倍，主要是老年人没有经济能力负担医疗费。[①] 鉴于国民年金制度尚未进入年金给付期，大多老年人参保年限不够，不能领取或者只能领取少额年金，收入在平均线以下者居多。为此 1972 年政府推行老年人医疗费支付制度，1973 年修订《老人福利法》，规定 70 岁以上经济收入在平均线以下者，医疗费用由公费负担。老年人医疗费支付制度实际上是一项老年人免费医疗制度。这项制度的推行，迅速改善了老年人的就诊率，1973 年，该制度推行前就诊率为 56.8％，1978 年就诊率已经上升到 96.0％。老年人医疗费用问题得到解决。

伴随老年人就诊率提高继而出现了老年人医疗费急速增长的问题。1973 年第一次出现医疗费增长速度高于国民经济增长速度的状

① 田多英范. 厚生（労働）白書［M］. 京都：ミネルヴァ書房，2018：127.

况。根据统计，1965—1975 年，医疗费支出增长了 5.8 倍，70 岁以上老年人口医疗费支出占全体人口医疗费支出的 27.2%。[①] 第一次敲响了警惕老年人医疗费快速上升的警钟。

二、医疗保险制度调整期

（一）20 世纪 80 年代前半期：抑制医疗费用增长

20 世纪六七十年代所推行的医疗政策中，有两个预测性失误。一是没有预测到世界经济危机会带来经济发展迅速下滑，二是没有预测到老龄化和长寿化程度会快速加深。在预测失误的背景下，20 世纪 70 年代初期，日本又追求福利国家的高福利，宣称进入了“福利元年”，实行医疗免费，扩大医疗给付范围，为此后的医疗保险财政带来了极大的压力。

进入 20 世纪 80 年代以后，医疗保险制度调整的重点放在了抑制医疗费用增长、减轻国家财政压力上。抑制医疗费用增长，对医疗政策进行了以下三点调整。第一，建构健康预防体系，40 岁以上的被保险人定期进行身体检查，普及健康教育。对老年人发放健康手册，开设健康咨询窗口，接受健康咨询。第二，1982 年颁布《老人保健法》，废止老年人免费医疗制度，导入个人负担医疗费 10% 的制度。第三，降低药价以及对医疗机构支付的报酬比例，抑制医疗支出。同时，为了减轻医疗保险机构支付医疗费用的压力，政府决定 70 岁以上老年人医疗费用的 30% 由政府财政负担，让那些老年人比例过高，医疗保险制度运营陷入困境的医疗保险机构摆脱危机。

---

① 田多英范．厚生（労働）白書［M］．京都：ミネルヴァ書房，2018：128.

1982年颁布和实施的《老人保健法》，对全民医疗保险制度提出了新的挑战。首先，将医疗事业和保健事业分离，把保健事业作为一项新的医疗体系进行定位，对健康老人和患病老人用两种不同的医疗政策应对。其次，确立保健预防的概念，普及健康保健从40岁开始的社会意识，以社区为中心，建设健康与保健支持网络，为今后的社区医疗和社区养老奠定了社会基础。最后，提高政府对老年人保健医疗支出负担比例到30%，其中，中央政府负担20%，都道府县5%，市町村5%。这一尝试开创了三级政府财政与医疗保险基金相互混合的财政方式。20世纪80年代上半期，通过以上政策，缓解了老年人医疗费增长的压力。《老人保健法》实施之前，老人医疗费用的年增长率是13.2%，实施之后的第二年，这一增长率下降到8.2%，保健政策的调整获得了一定效果。

（二）20世纪80年代后半期：调整医疗供给体制

进入20世纪80年代后半期，日本开始对医疗供给体制进行调整。日本的医疗供给是一个非常封闭的体系，医生是特权阶层，对患者具有绝对的权威，医生的行业组织“医师会”对政治具有极强的影响力。长期以来，医疗供给调整一直是一个盲点。此外，医疗供给体制面临的各种医疗机构的功能化和特色化不明确、地区之间存在的医疗资源严重不均衡等问题都亟待解决。为解决上述问题，日本1985年修订《医疗法》（自1948年实施以来第一次修订）、1986年修订《老人保健法》，通过两项法律的修订，创建了融汇医疗和护理功能的老年人保健机构。将长期滞留在医院的慢性病老年人，转入老年人保健机构，降低了医疗成本。另外，此法对老年人医院和老年人病床的标准进行规范化，老年人保健机构的医疗费用与一般医院有所区别，杜绝了滞留医院的老年人高收费和长期住院问题。

三、从“医养分离”走向“医养结合”

（一）20世纪90年代前半期：厘清医养结合与医养分离界限

1989年开始，日本在全国推行《推进高龄者保健福利十年战略》（又称“黄金计划”），进入探索老年人医疗和护理供给合作机制时期（又称“医养结合”）。具体步骤是：1991年第二次修改《老人保健法》，创建居家访问护理制度，并将由政府负担的老年人医疗费用总体支出比例从30％提高到50％；1992年《医疗法》第二次修订，推出“特定功能病床”“疗养型病床”等新的指标概念，对医疗机构的功能进一步细化和标准化。

20世纪90年代前半期，医疗政策的重点放在了应对老龄化问题上，试图在医疗制度框架内部寻求老年人医疗、福利、护理的功能区分和相互衔接，厘清医养结合、医养分离的界限和未来发展的可能性。

（二）20世纪90年代后半期：21世纪的国民医疗构想

20世纪90年代后半期，日本开始了以削减医疗财政赤字为主要内容的医疗保险制度结构改革。1997年，桥本龙太郎政府提出社会保障结构改革，着手解决历届政府都不敢触动的削减医疗财政赤字问题。1997年开始提高个人医疗费用负担比例，从10％提高到20％。1998年对医疗机构的诊疗报酬进行改革，降低2.7％的药价和药剂调剂报酬，提高1.5％医科门诊诊疗报酬，以此抑制药剂费用年年增长趋势。此外，根据医疗机构所提供的服务功能，进行专业分类，提高医疗服务效率。首先根据功能和规模，将医疗机构划分为综合医院、专科医院、诊疗所，同时根据医疗机构的功能，确立最合适的医疗支付制度，方便病人就医。为了引导病人正确就医，推行介绍制度。病人首先到诊疗所治疗，诊疗所判断需要到综合医院或者专科医院就医的，诊疗所医师开具介绍信，介绍病人前往最适合本人治疗的医疗机构检查或者就医。

1997 年厚生劳动省发布《21 世纪的医疗保险制度》《21 世纪的国民医疗》，提出老年人医疗制度改革措施，并倡导尽快建构护理保险制度。从 20 世纪 90 年代后半期开始，医疗保险制度改革又进入了新一轮的改革时期，并为此后的持续不断地改革打开了大门。

第二节　医疗保障制度体系

日本医疗保险制度的特征是通过纵向职域型和横向地域型的纵横交错，实现了医疗保险的全覆盖。以被雇佣者为对象的职域型健康保险起步较早，在第二次世界大战期间已有雏形。以非被雇佣者为对象的地域型国民健康保险则是在 20 世纪 50 年代末开始重新建构。为了应对超老龄化、长寿化问题，2008 年日本进行大规模的医疗保险制度改革，在既有的国民健康保险、健康保险制度基础之上增设地域型后期高龄者医疗制度。此项制度将 75 岁以上老年人口与 75 岁以下人口的医疗保险相对分离，医疗财政独立核算，目的是保持公共医疗服务的持续性以及体现代际的公平负担。

现行的医疗保险制度体系如表 3－1 所示。

表 3－1　　2018 年医疗保险制度体系

区分	制度名称	保险人数量（家）	保险人	被保险人数（万人）
地域型	国民健康保险	1 900	市町村	3 340

续表

区分	制度名称	保险人数量（家）	保险人	被保险人数（万人）
职域型	全国健康保险协会（面向中小企业）	1	全国健康保险协会	3 950
	健康保险组合（面向大型企业）	1 394	行业或大型企业	2 880
	共济组合保险（面向公务员、教职工等）	85	公务员共济组合 私立学校共济组合	850
地域型	后期高龄者医疗制度（面向75岁以上老年人）	47	后期高龄医疗广域联合会	1 750

资料来源：根据厚生劳动省保险局2019年“国民健康保险制度体系”相关资料制作。

一、地域型国民健康保险

地域型国民健康保险的构想起源于战争时期，为了解决兵源和劳动力不足问题，1938年日本颁布《国民健康保险法》，普及地域型国民健康保险。战争时期颁布的法律有以下主要特点：第一，以居民居住地区划为基础，以农村区域和农民为主要保险对象，以家庭为保险单位，保险覆盖被保险人家属；第二，以任意设立的国民健康保险组织为法定保险人；第三，保险内容主要有疗养、生育、丧葬，以提供健康保健服务和保健设施为主；第四，财源由被保险人的保险费和政府财政的适当补贴构成。当时虽然保障水准很低，但由于是强制性加入，在战争结束以后，名义上的被保险人数达到2 500万人，占总人口的60％。1945年以后，这项医疗保险制度名存实亡，但这是日本进行第一次地域型国民健康保险的尝试，它为20世纪60年代初确立全民医疗保险制度提供了借鉴和社会基础。

进入20世纪50年代以后，日本经济结构发生巨大变化，农业经济所占比例急速下降，大量农业人口流向城市、进入中小企业。

从 1954 年到 1957 年短短的几年时间，企业新增劳动力 300 万人左右，特别是中小企业，增加幅度最大。进入城市的劳动人口当中，有 200 万人没有医疗保险，如果加上其家属等，大约 2 870 万人没有被医疗保险覆盖。① 当时，个体手工业和中小企业职工及家属无医疗保险问题已经成为影响社会安定的主要因素。鉴于以上社会背景，1958 年 9 月政府颁布新《国民健康保险法》，经过 4 年的国民健康保险普及运动，1961 年基本实现了医疗保险的全覆盖，迅速进入了“全民皆医疗保险”时代。由于国民健康保险有着比较特殊的历史因素和社会背景，逐渐形成了日本医疗保险的地域型特征。

国民健康保险的保险人是各个市町村基层政府，截至 2018 年保险者共有 1 900 家，被保险人 3 340 万人。被保险人以农业、林业、渔业劳动者，个体经营者和自由职业者等为主要对象，75 岁以下退休者及家属也可选择从职域型健康保险转入地域型国民健康保险。此外，在日本居住三个月以上的外国人，在入境 14 天之内有义务申请加入地域型国民健康保险。

由于国民健康保险被保险人口中，退休人员以及低收入者居多，2015 年针对低收入家庭无力缴纳医疗保险费的问题，中央政府财政投入 1 700 亿日元，补贴各个市町村基层政府，以解决医疗保险财政长期赤字问题。为了彻底解决市町村保险人之间存在的地域差距和医疗保险财政面临的困境，2015 年，在安倍晋三强力推动之下，颁布《国民健康保险修改法》以及一系列修正法案，对医疗保险制度进行结构性改革，以保持医疗保险制度持续性发展。改革的

① 参考经济企画厅编《经济白皮书》。

一个重大举措是，从2018年开始，国民健康保险的财政统筹由以往的市町村基层政府，改为都道府县地方政府，目的是实现广区域内的医疗保险财政调整和再分配，减少行政管理成本，确保保险财政的稳定和效率。市町村基层政府继续管理有关社区居民的健康保险事业、各种专业资格管理事业以及保险费的征收等。有关医疗保险财政的收支以及广区域内的财政再分配，由都道府县地方政府直接管理和运营。

二、职域型健康保险

职域型健康保险的最大特征是呈行业分立状态。长期以来，虽然进行了多次的保险机构合并和调整，但直到2018年，仍然保留了以下三大体系。

第一，全国健康保险协会掌管的医疗保险，包括合并过来的政府掌管的旧健康保险和旧船员保险。前者的对象是中小企业以及中小企业规模以下的从业人员及其家属，后者的对象是船长、船员、预备船员以及家属。合并之前，这两项保险由政府社会保险厅直接运作管理，改革后由新成立的特殊法人全国健康保险协会掌管。2018年年末，被保险人数包括家属约3 950万人，平均保险费率为10.0％。

第二，健康保险组合的对象是大型企业的从业人员以及家属。保险人是各个行业或者大型企业。被保险人超过700人以上的企业，可以成为独立保险单位。同行业内部小规模企业组成的混合保险组合，被保险人也需要在3 000人以上。2018年年末，健康保险组合体系之内，从事健康保险事业的法人共1 394家。被保险人数包括家属共2 880万人。保险的管理和运作由企业和企业集团组成的健康保险组合负责管理运作，平均保险费率为 9.1%。

第三，共济组合保险的对象是公务员、独立行政法人的职员、私立学校教职工及其家属。根据有关共济组合的各项法律成立的保险单位共有 85 家，其中，国家公务员共济组合保险单位 20 家，地方公务员共济组合保险单位 64 家，私立学校教职工联合事业团体 1 家。国家公务员和地方公务员的保险管理和运作，由特殊法人的国家公务员组合、地方公务员组合直接运营，接受中央政府和地方政府的监督和监察。私立学校教职工联合事业团体的保险管理和运作，由私立学校共济组合管理和运作。2018 年年末，被保险人包括家属共 850 万人；平均保险费率国家公务员共济组合 8.2%，地方公务员组合 9.4%，私立学校共济组合 7.4%。[①] 制度内部之间负担比例不均衡问题显著。

三、后期高龄者医疗制度

（一）后期高龄者医疗制度概要

后期高龄者医疗制度创建于 2008 年，这是应对少子老龄化出现的各种问题而进行的一项医疗保险制度改革。新创设的后期高龄者医疗制度，具有地域型医疗保险的特征。其保险对象是 75 岁以上老年人以及 75 岁以下经过认定有一定程度残障的残疾人。保险单位归属于以人口和地域特征而规划的“后期老年人医疗广域联合会”，截至 2018 年年末，上述广域联合会共有 47 家，被保险人 1 750 万人。

后期高龄者医疗制度的前身可以追溯到 1983 年创立的老年人保健制度。当时，为了应对出现的老龄化以及老年人长期性住院问

---

① 厚生労働省．我が国の医療保険について．2019. https：//www.mhlw.go.jp/stf/seisakunitsuite/bunya/kenkou_iryou/iryouhoken/iryouhoken01/index.html.

题，日本颁布《老人保健法》。针对老年人保健和护理的需求，兴建老年人保健设施，将医疗和老年人护理、保健相分离，创建老年人保健体系。根据《老人保健法》规定，75岁以上老年人在免费享受法律所规定的服务项目的同时，还可以享受健康保险或者国民健康保险制度包含的医疗服务。针对老年人的医疗和保健护理需求，设计了两条费用支出和供给体系。

老年人保健制度推行以后，凸显出新的社会问题是老年人医疗费用快速上涨。2006年，老年人医疗费用占国民收入比例突破8.9%，出现了医疗费用增长高于国民收入增长的逆转现象。老年人医疗费用增长速度是年轻人的5倍，这种代际负担极端不公平现象引起了年轻一代的强烈抗议，要求政府纠正保险费负担和医疗费用负担出现的代际不公平现象。

此外，由于老年人保健制度设计上的问题，老年人医疗费用增长问题主要集中在地域型国民健康保险，而国民健康保险50%的资金是由政府税收来支撑的，所以，给政府财政带来的压力也是促使改革老年人保健体系的重要因素。根据《老人保健法》规定，从业人员退休以后，将自动从职域型健康保险转入地域型国民健康保险。由于老龄化和长寿化问题的深化，造成老年人全部集中在地域型国民健康保险、中青年劳动力人口集中在职域型健康保险的失衡现象。由此带来的问题是，两个制度体系之间的财政收支严重不平衡，国民健康保险的医疗费用支出远远高于保险费收入，而职域型健康保险的保险费收入稳定，且医疗费用支出少。根据以往的法律规定，地域型保险和职域型保险的保险费收入不能相互移转，越来越多的医疗保险财政赤字主要由中央和地方政府进行填补，没有更多税收资源的地方政府负债累累。

在上述背景下，2008 年日本进行结构性制度改革，在原有的医疗保险框架中引入后期高龄者医疗制度，取代老年人保健制度。在财政负担上设计了援助金体系，其他医疗保险机构通过援助金的方式，将 65 岁以上 74 岁以下前期老年人的一部分保险费财源转移到后期高龄者医疗制度，解决其财源不足问题。同时，在体制运营上相对独立，实行医疗费用支出与医疗费用负担浮动机制，后期高龄者医疗费用支出高，医疗费用的个人负担比例相对提高，以此缓解代际不公平现象。

后期高龄者老年人医疗制度概要如图 3－1 所示。

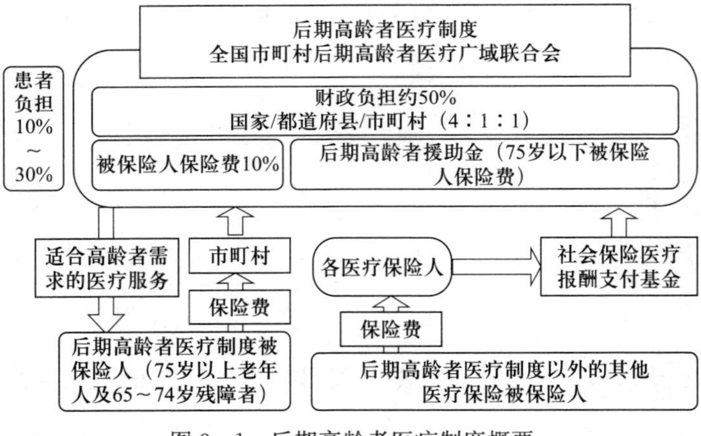

图 3－1　后期高龄者医疗制度概要

资料来源：根据厚生劳动省 2019 年后期高龄者医疗制度概要资料制作。

保险人：保险人是由各个都道府县成立的广域联合会，目前共有 47 家。各都道府县根据本地域的被保险人数和医疗费用水平计算保险费率，保险费由 65 岁以上老年人公平负担。保险费的征收以及有关事务的处理，由市町村具体负责，后期老年人医疗费用的收入和支出由广域联合会以及市町村设置的特别会计制度进行核算和管理。同时，广域联合会还要具体负责健康教育、健康咨询、身体检查以及其他有关增进健康的事业。

被保险人：居住在广域联合区域的75岁以上的后期老年人，以及居住在广域联合区域的65～74岁有残疾证明的前期老年人。被保险人数最多的是东京都，2019年大约159万人[①]；人数最少的是鸟取县，大约9万人。被保险人满75周岁后，会自动从原来所属的健康保险或者国民健康保险转入后期高龄者医疗制度。

保险给付：与国民健康保险相同，以个人为单位，不以家庭为单位。所以保险给付只面向被保险人，没有家庭给付。

根据法律规定，广域联合会负责实施的医疗给付有以下几种：疗养给付（包括住院时的饮食生活费和居家看护疗养费）、高额疗养费、高额护理统算疗养费等。个人医疗费用负担部分，根据个人以及夫妇收入状况，设定不同标准的负担比例。高收入者的医疗费用负担比例为30％、一般收入者为10％、低收入者可以减免。近年来为了抑制后期老年人医疗费用，在减少支付额度以及提高负担比例等方面进行了不断地改革，但是由于后期老年人呈不断增长态势，所以抑制老年人医疗费用增长的收效并不明显。

2008年制度起步时期，75岁以上老年人有1 321万人，年人均医疗费用785 904日元；2010年，75岁以上人口增加到1 405.9万人，年人均医疗费用904 795日元；2018年，75岁以上人口增加到1 741.5万人，年人均医疗费用增长到943 082日元（见表3－2）。

---

① 引自东京都高龄者医疗广域联合会2020年版《東京都後期高齢者医療制度の概要》。

表 3－2　　后期高龄者医疗事业状况

年度	被保险人数（万人）	其中高收入者（万人）	人均医疗费（日元）
2008	1 321	107 .3	785 904
2009	1 361.5	103 .3	882 118
2010	1 405.9	101 .2	904 795
2011	1 448.3	101 .3	918 206
2012	1 490.4	101.6	919 529
2013	1 526.6	102.1	929 573
2014	1 554.5	103.8	932 290
2015	1 594.4	105.2	949 070
2016	1 645.7	109.5	934 547
2017	1 696.3	114.9	944 561
2018	1 741.5	120.1	943 082

资料来源：厚生劳働省．後期高齢者医療事業状况報告．2019.

推行后期高龄者医疗制度之后，政府财政对后期老年人投入的财政补贴有所下降，但是，后期老年人所占用的医疗资源比例依然居高不下。如表 3－3 所示，后期老年人医疗费用与国民医疗费用相比，仍然处在逐年增高的状态。2008 年后期老年人医疗费用总额为 11.4 兆日元，占国民医疗费用总额的 32.8％；2014 年，后期老年人医疗费用增长到 14.5 兆日元，占国民医疗费用总额的 35.5％，2018 年后期老年人医疗费用增长到 16.4 兆日元，占国民医疗费用总额的 37.8％。75 岁以上后期老年人占用国民医疗费用总资源的比例呈持续上升趋势，抑制后期老年人医疗费用增长依然是一个很艰难的过程。

表 3－3　　后期老年人医疗费用和国民医疗费用比较　单位：兆日元，％

年度	2008	2009	2010	2011	2012	2013	2014	2015	2016	2017	2018
国民医疗费	34.8	36.0	37.4	38.6	39.2	40.1	40.8	42.4	42.1	43.1	43.4

续表

年度		2008	2009	2010	2011	2012	2013	2014	2015	2016	2017	2018
后期老年人	医疗费用	11.4	12	12.7	13.3	13.7	14.2	14.5	15.1	15.4	16.0	16.4
	占国民医疗费用比例	32.8	33.3	34.0	34.5	34.9	35.5	35.5	35.6	36.6	37.1	37.8

资料来源：根据日本社会保障审议会第 119 回审议的 2019 年“医療保険制度をめぐる状况”资料制作。

注：因四舍五入，有些数据加总后不绝对相等。

财源构成状况：后期老年人医疗的财源构成是保险费 50％、各级政府财政负担 50％。如表 3－4 所示，在 50％保险费当中，4/5 是由全国各家医疗保险机构提供，以援助金的形式交付给负责后期高龄者医疗制度的保险机构广域联合会，1/5 是后期老年人支付的医疗费用。政府财政负担的部分中，中央政府负担 2/3，都道府县 1/6，市町村负担 1/6。政府财政负担主要依赖税金收入。

表 3－4　　后期高龄者医疗财源构成

政府财政（50％）			在职从业人员援助金（40％）	后期老年人个人负担（10％）
中央政府 2/3	都道府县 1/6	市町村 1/6	各医疗保险机构交付的援助金	后期老年人支付医疗费

资料来源：厚生労働省．後期高齢者医療事業状况報告．2019.

（二）前期老年人医疗制度与医疗保险资金状况

前期老年人医疗制度的对象是 65 岁以上 74 岁以下老年人。实施后期高龄者医疗制度以后，前期老年人承担了援助后期老年人医疗费用的主要角色。制度改革之前，在职人员退休之后，医疗保险将从职域型健康保险转入地域型国民健康保险，由于老年人口集中在地域型医疗保险，政府不得不投入大量的财政资金维持制度运行。改革以后，前期老年人医疗保险仍然留在原来的医疗保险制度之内，并继续缴纳保险费，到了75岁以后，退出原来归属的医疗保险体系，转入后期高龄者医疗制度。前期老年人缴纳的医疗保险费，实际上起到了后期高龄者医疗制度资金传送和资金储蓄的双重作用。

保险费及征收方式：被保险人必须是在75岁以前，参保健康保险或者国民健康保险。保险费分两层结构，第一层是被保险人平均分担的保险费金额，第二层是高收入老年人承担的附加部分。保险费金额由广域联合会根据本地区状况决定。保险费缴纳标准由作为保险人的各后期高龄者广域联合会根据本地区被保险人的平均收入和后期老年人口比例来计算，因此，各个广域地区的保险费标准有所不同。此外，近年来进行的根据经济负担能力确定缴费标准的改革，确立了按照经济负担能力缴纳保险费的原则，高收入老年人多缴费、低收入老年人可减免。

低收入老年人及其同居人减免保险费的标准会根据收入状况在20%～70%浮动。独居老年人年净收入在33万日元以下的，保险费减免70%；若其有同居人，且同居人的年净收入不超过24.5万日元的，减免50%；同居人年净收入为24.5万～35万日元的，减免20%。

缴纳方式：年金收入年满18万日元者，直接从发放的年金中扣除。护理保险费和后期老年人医疗保险费两项合计一年总额超过9万日元者不再从年金中扣除，可以根据本地区的减免条件直接到窗口办理缴纳手续。

2008年制度实施当初，后期高龄者医疗制度缴纳保险费平均月额标准是5 332日元，由于资金来源不足以及老年人医疗费用上升趋势难以控制，截至2019年，保险费已经连续提升五次，已经增加到5 857日元。由于后期老年人医疗保险费以及护理保险缴纳标准不断提高，主要依靠年金生活的老年人无力承担，老年人滞缴保险费问题一直难以解决。2010 年滞缴人数超过 31.31 万人，滞缴金额超过 80 亿日元，此后，加强了对滞缴者的督促和惩罚，2017 年降为 22.22 万人，滞缴金额 77 亿日元。

表 3－5 显示了处分滞缴保险费后期老年人数变化状况。2010 年滞缴金额最高时的处罚人数是 1 669 人；2017 年滞缴金额大幅度降低时的处分人数上升到 6 816 人，从中可以看出政府试图通过强化处罚机制解决后期老年人滞缴保险费问题。

表 3－5　　处分滞缴保费后期老年人数统计

年度	2009	2010	2011	2012	2013	2014	2015	2016	2017
处罚人数	834	1 669	1 986	2 086	3 389	4 633	4 969	6 026	6 816

资料来源：厚生労働省．後期高齢者医療事業状況報告．2019.

（三）后期老年人医疗费用个人负担的

在 2008 年制度实施之初，后期高龄者医疗制度参保者的医疗费用负担坚持的基本原则仅根据年龄确定标准、负担比例统一，75 岁以上老年人医疗费用的个人负担比例一律为 10％。2017 年调整为依照经济收入和负担能力确定医疗费用个人负担比例，将高收入老年人的医疗费用负担比例提高到 30％，与从业人员负担比例拉平。中等收入后期老年人的负担比例不变，仍然为 10％。政策的目的在于强化后期高龄者医疗制度内部的再分配功能 。

根据表 3－6 所显示数据，高收入老年人是指独居老人年收入超过 385 万日元者，以及夫妇年收入超过 520 万日元以上者。低收入老年人分两种：低收入者 2 是指年收入在 130 万～267 万日元者；低收入者 1 是指独居老人年收入不满 80 万日元者，以及夫妇年收入不满 130 万日元者。

表 3-6　　2019 年后期老年人医疗费用负担标准

	个人负担比例	个人负担上限（日元）	
		门诊（个人）	住院（家庭）
高收入者	30%	57 600	80 100+(医疗费-267 000)×1%（44 400）
一般收入者	10%	14 000	57 600
低收入者 2		8 000	24 600
低收入者 1			15 000

资料来源：参考东京都世田谷区保健福利政策部发布的“后期高龄者医疗费用”相关资料制作 。

后期高龄者医疗制度实施以来，虽然减轻了国家以及医疗保险机构对于老年人医疗费用的负担，缓解了代际在医疗保险费用负担上的不公平现象，但是大大加重了老年人医疗保险费和医疗费用的负担。

但是问题的另一面是对于仅仅依靠年金生活的老年人来说，75 岁以后还要继续缴纳医疗保险费，无疑是一个沉重负担。特别是保障附加在丈夫所参加的职域型健康保险的家庭主妇，75 岁以前该群体一直免缴保险费，但是转入后期高龄者医疗制度之后，需要与丈夫捆绑在一起的夫妇医疗保险分离，以个人名义缴纳后期高龄者医疗保险费。这项制度推行以后，一直遭到家庭主妇群体的强烈反对，也成为政党之间争论的焦点，但是政府坚持政策不变的理由是，后期高龄者医疗制度中被保险人女性比例过高，政策一旦修改，势必对医疗保险财政带来压力。

第三节　医疗保险给付制度

医疗保险给付内容包括医疗给付和现金给付两大类，其中医疗给付中又设定高额疗养费制度，即个人负担的医疗费用封顶，超出规定的上限部分由医疗保险机构通过制度的第二次分配退还给本人。除此之外，还设置有面向残障者和低保群体的给付制度，以及针对灾害、公害、特定传染病医疗等提供的免费或者低费的医疗制度等。

一、医疗给付

医疗保险的医疗给付是指被保险人以及家属在医治、疗养期间花费的医疗费、住院费、饮食费等扣除个人负担部分之外，其他由医疗保险支付的有关费用情况。

医疗给付以实物给付为主，如诊疗、住院、往返医院的移送交通费等，具体内容包含以下四方面。

（一）疗养给付（包括访问看护疗养费）

疗养给付是最基本的保险给付形式，给付标准根据被保险人以及家属的年龄、收入状况等设置不同给付比例的疗养标准。表 3－7 是 2019 年提高老年人负担水平之后的个人负担标准一览。

疗养给付根据年龄分为四个档次。（1）学龄前儿童医疗给付 80％、个人负担 20％。（2）从学龄儿童到 70 岁以下人口，医疗给付 70％、个人负担 30％。（3）70～75 岁老年人，医疗给付 80％、个人负担 20％；根据改革后的新规定，个人年收入在 145 万日元以上者，给付标准与 70 岁以下者相同，即医疗给付 70％、个人负担 30％。（4）75 岁以上后期老年人，医疗给付 90％、个人负担 10％；如果属于高收入者，个人负担增加到 20％～30％。

表 3－7　疗养给付个人负担比例

被保险人/家属	学龄前儿童	从学龄儿童到70 岁以下人口	70～75 岁老年人		75 岁以上后期老年人	
负担比例	20％	30％	高收入	其他	高收入	其他
			30％	20％	20％～30％	10％

资料来源：根据厚生劳动省发布的 2018 年“公的医疗保险给付内容”修改制作。

关于学龄前儿童医疗给付，各地方政府还制定有特殊给付标准。由于少子化问题逐渐深化，地方政府为了吸引年轻人口来定居，改善地方的人口结构，将需要个人负担20%的费用改为由地方政府财政负担，通过实行儿童免费医疗政策，吸引更多的年轻劳动力以及人才来本地定居。

（二）住院饮食疗养费给付

住院期间患者饮食费原则上由个人负担，个人负担标准全国统一。根据2018年提高后的餐费标准规定，一餐个人负担460日元，低收入者一餐个人负担210日元，住院超过90天以上一餐将降为160日元，70岁以上且属于低收入者一餐为100日元。个人负担以外的费用，由医疗保险给付。

（三）住院生活疗养费给付

住院生活疗养费的给付以65岁以上老年人为对象，一餐的给付标准为个人负担420日元，低收入者一餐负担210日元，超低收入者一餐负担130日元，老龄福利年金领取者一餐负担100日元。

（四）移送交通费

移送交通费用于支付需要紧急治疗时使用救护车以及其他紧急公共交通手段所花费的交通费，家属移送享受同等给付。

上述医疗给付制度中针对70岁或75岁以上老年人的减免，另有其他制度安排。

二、现金给付

医疗给付以接受治疗或服务的实物给付为原则，尽量减少现金给付，但是鉴于以下情况，可以依照法律规定到医疗行政窗口接受现金给付。其现金给付主要内容有三类。

（1）生育给付：针对生育期间所花费的医疗、疗养费，原则上支付上限为 42 万日元。

（2）丧葬给付：健康保险与共济健康保险机构支付金额为 5 万日元；国民健康保险以及后期高龄者医疗制度则根据市町村所规定的行政法令支付，在 1 万～5 万日元不等。

（3）伤残给付和生育疗养给付：针对因病需要长期疗养或者因生育导致身体虚弱需要长期疗养者，给付金额根据疗养者身体状况和保险人所规定的标准而定。伤残给付最长 18 个月，生育给付最长 12 个月。该类给付需要企业向医疗保险机构申请，而后由个人领取。

三、高额疗养费给付

（一）设立高额疗养费制度的目的

高额疗养费制度是日本为了预防“因病致贫”于 1973 年创设的一项特殊医疗给付制度。这项制度对解除那些因大病、疑难杂症以及大手术要支付高额疗养费而易于陷入贫困的家庭的后顾之忧，起到重要援助作用，国际社会对日本的这项制度给予高度评价。具体标准和实施方法是，被保险人以及家属在一个月内的医疗费支出超出了所规定的个人负担额度，超出的部分由所参加的医疗保险机构支付。首先由个人提出申请，提交超额疗养费的有关收据和证明，由审核部门审核之后，将个人多支付的医疗费由保险机构通过转账退还本人。如果事前办理高额疗养费给付审核手续，可以只在医疗机构支付个人负担额度的医疗费，超额部分由医疗机构直接向医疗保险机构申请退还。

根据 2018 年的调整，现行高额疗养费个人支付上限标准（封顶标准）设定为 87 430 日元，即每月个人负担的医疗费用超过这一上限标准后，超出的部分无论多少都由医疗保险机构买单。为获得高额疗养费制度的支持，本人或者家属需要到医疗保险机构办理使用高额疗养费手续，获得认可之后办理退款手续。

对需要长期治疗者，高额疗养费从第三个月起标准将减半，上限约为 43 715 日元。低收入家庭的高额疗养费标准从一开始就被定为 43 715 日元。年满 65 岁以上或超低收入者每月标准是 15 000 日元，如果是享受低保家庭和个人，来往医院的交通费、住院费、饮食费也都可以获得免除。

高额疗养费制度推行以后，随着享用人口增加和医疗技术费用提高、新型药物使用等因素，费用呈逐年增长趋势。从近年来的统计看，已经占到医疗费用总额的 20%左右。为了维持制度的持续性发展，近年来持续提高了个人负担的上限标准。

（二）高额疗养费给付的计算方法

高额疗养费给付范围包括门诊和住院治疗期间的医疗费，具体指手术、检查、诊断、医药、基本饮食等诸多费用。

个人负担额度根据年龄、经济收入等状况进行计算，因此，每个人的负担额度都不相同。一般会按照年龄计算个人负担额度，以 70 岁为界，分为 70 岁以下和 70 岁以上的计算方法，目的是缩小代际间负担不公平问题。

表 3－8 是 70 岁以下的个人负担上限标准，对不同收入标准的家庭和个人设定 4 个不同的上限标准，即使在标准收入之间，高收入和低收入家庭上限标准差别也很大。享受低保的家庭上限是定额制，即个人负担上限为 35 400 日元。

表 3－8　　2019 年 70 岁以下者高额疗养费计算标准　　单位：日元

经济收入区分		个人负担额度
月收入标准	83 万以上	252 600＋(医疗费－842 000）×1%
	53 万～79 万	167 400＋(医疗费－558 000）×1%
	28 万～50 万	80 100＋(医疗费－267 000）×1%
	26 万以下	57 600
低保对象		35 400

资料来源：根据厚生劳动省发布的 2019 年“高额疗养费制度”相关资料制作。

还有就是按照高龄者实际经济收入计算负担额度。经济收入大致划分为高中低三个档次，对高收入群体又具体划分为三种档次，以体现老年人之间经济收入再分配功能。总体趋向是经济收入越高的个人负担金额越高，收入越低的享受给付的金额越高。

高额疗养费虽然没有上限限制，超出规定的个人负担部分均由保险机构负担。但是会规定基本的费用标准。比如，住院时住单间或者单独预定饮食的，高出标准部分需要自己负担。表 3－9 反映了 70 岁以上老年人高额疗养费个人负担计算标准。

表 3－9　　2019 年 70 岁以上者高额疗养费计算标准　　单位：日元

收入 区分		（住院）每月个人负担上限	
高收入	年收入 1 160 万	252 600＋(医疗费－842 000）×1%	
	年收入 770 万～1 169 万	167 400＋(医疗费－558 000）×1%	
	年收入 370 万～770 万	80 100＋(医疗费－267 000）×1%	
一般	年收入 156 万～370 万	57 600	18 000（门诊）
低收入	免除居民税家庭 2	24 600	（门诊） 8 400
	免除居民税家庭 1（年收入 80 万以下）	15 000	

资料来源：根据厚生劳动省发布的 2019 年“高额疗养费制度”相关资料制作。

为了理解复杂的计算方法，以下举例具体分析高额疗养费使用的规则和方法（见表 3－10）。比如，患者的基本情况是未满 70 岁，年收入在 370 万～770 万日元，医疗费个人负担 30%，月使用医疗费 100 万日元，住院期间饮食费负担和住单间超出标准的差价费总计 76 120 日元。按照以上情况计算，个人申请高额疗养费之后自己负担的医疗费 87 430 日元。附加上住院期间饮食费和住单间超出标准的差价费 76 120 日元，最终个人支付金额是 136 450 日元。其余的 863 550 日元则由医疗保险机构负担。

因为制度设计非常细密，操作需要具备一定的专业知识才能计算个人负担或者给付金额，需要医疗保险机构或者社会保险师具体核算。

表 3－10　高额疗养费计算举例

项目内容	计算方式
患者年龄未满 70 岁，月使用医疗费	100 万日元
年收入 370 万～770 万日元	80 100＋（医疗费－267 000）×1%＝87 430（日元）
	高额疗养费个人负担 87 430 日元
个人已缴纳 30%医疗费	300 000－87 430＝212 570（日元）
扣除饮食费和单间差价	212 570－76 120＝136 450（日元）
最终个人支付金额	136 450 日元

资料来源：根据厚生劳动省发布的 2019 年“高额疗养费制度”相关资料制作 。

四、公费医疗给付

公费医疗制度是由国家和地方政府公共财政支付的一项医疗保障制度，它与医疗保险制度并列成为保障国民最基本的医疗、公共卫生、社会福利的一项制度体系。公费医疗制度的主要目的是对以下有需求的国民提供公共性的公费医疗援助。具体援助的范围有：（1）为残障儿童以及残障者提供适当的医疗支出和经济援助；（2）提高儿童的健康水平，充实母子保健服务内容；（3）提高对疑难杂症患者的医疗以及经济援助；（4）因战争以及因工（公）导致的疾病和健康受损，由国家对其的补偿；（5）低收入患者（低保对象）的医疗援助。

公费医疗制度虽然主要由政府财政支付，但是它并不脱离医疗保险制度，与医疗保险制度形成互补关系。两者在责任划分上遵循“公费优先”或“保险优先”的两个基本原则，以此确定各自的权力和责任。“公费优先”指给付对象的医疗费用全额由政府财政负担，“保险优先”指给付对象的医疗费用优先由医疗保险支付，之后的一部分费用由政府财政即公费负担作为补充形式。以下分别对公费优先医疗给付和保险优先医疗给付的具体内容进行介绍。

（一）公费优先的医疗给付

表 3－11 显示了根据“公费优先”原则，由公费对医疗费用全额负担的类型。这些类型是由法律的规定来规范医疗给付的范围，例如，《战争伤病者特别援助法》《原爆受害者援护法》《传染症法》《心神丧失者等医疗观察法》。法律还确定了给付对象和给付内容。全额负担的公费医疗给付分为 5 种，分别是：（1）疗养给付，给付对象是因公负伤军人及家属的医疗费用；（2）更生医疗给付①，给付对象是因工伤引起视觉、听觉、语言障碍、中枢神经功能残障、肢体残障等发生的医疗费用；（3）认定疾病医疗给付，给付对象是被认定为广岛、长崎原子弹爆炸受害者的医疗费用；（4）新型传染疾病感染者住院给付，给付对象是给国民带来重大危害的新型传染病的住院治疗费用，如新冠肺炎患者即属于此类给付对象；（5）医疗给付，给付对象是对他人有伤害行为但免于起诉的心神丧失类的精神病患者，经法院认定需要门诊、住院治疗的费用。

① 更生医疗给付是指为身体残障者的康复治疗而提供的必要医疗给付。

表 3－11　　　　　　　　公费优先的医疗给付类型

法律依据	给付名称	内容
战争伤病者特别援助法	疗养给付 更生医疗给付	因公负伤军人及家属的医疗费用 因工伤引起视觉、听觉、语言障碍、中枢神经功能残障、肢体残障等发生的医疗费用
原爆受害者①援护法	认定疾病医疗给付	被认定为广岛、长崎原子弹爆炸受害者的医疗费用
传染症法	新型传染疾病感染者住院	具有重大危害的新型传染病的住院治疗费用
心神丧失者等医疗观察法	医疗给付	对他人有伤害行为但免于起诉的心神丧失类的精神病患者，经法院认定需要门诊、住院治疗的费用

资料来源：根据厚生劳动省发布的 2019 年“公费医疗难病医疗指南”资料制作。

上述五种类型的给付属于公费全额负担的给付。除此之外还有根据年度预算由公费负担的特定疾患治疗研究费，国家指定的 56 种重特大疑难病攻克研究事业的研究费等。

公费医疗范围原则上由公费支付，但是，为了强调个人对医疗保障制度的权利与义务，以及体现维持自己健康是个人的责任，对于一部分对象仍然要求个人负担其中的一部分。另外，制度改革之前费用均由政府财政负担，逐渐增高的医疗费用给各级政府带来很大的压力，迫使政府进行改革，以抑制公费医疗的持续增长，其中，个人负担是其改革之后推进的一项新内容。

公费和个人这两者的负担比例一般是公费 90%、个人 10%。如果个人负担存在经济困难，可以通过申请医疗救助渠道予以解决。但是，对于特殊对象，如伤残军人及家属、新冠肺炎患者等，涉及的所有医治、疗养等均由公费全额负担。

---

① 指广岛、长崎原子弹爆炸受害者。

（二）保险优先的医疗给付

表 3 - 12 整理了“保险优先”原则实施医疗给付的有关法律依据、医疗给付种类和医疗给付内容，“保险优先”原则医疗给付种类大致分为六大类。

1. 残障者福利

残障者福利相关的公费医疗给付包括养育医疗、更生医疗、门诊医疗、住院医疗、入住福利机构期间的医疗费用等。近年来的改革本着自立援助的基本理念，围绕实现残障者生活自立的目的而展开医疗援助等活动，对于经过治疗恢复了生活自立或者半自立状态的，将适当调整给付内容和负担比例。此项医疗给付的主要法律依据是《残障者综合支援法》《精神保健法》《身体残障者福利法》等。

2. 儿童福利

儿童福利相关公费医疗给付包括疗育、养育医疗费用给付，身体和智力残障儿童的医疗费用给付等，主要法律依据为《儿童福利法》《母子保健法》等。

3. 特定疾病

特定疾病给付包括特定疾病医疗费用给付、幼儿慢性特定疾病医疗费用给付，以及相关研究的治疗费用等，主要法律依据为《难病法》《儿童福利法》以及政府发布的政令等。

4. 公共卫生

公共卫生医疗给付主要针对一般国民健康形成威胁的各种传染性疾病，如结核病、肺炎等传染疾病，以及吸毒依存症的治疗、住院和研究费用给付，主要法律依据为《感染症法》《麻药及向精神药取缔法》等。

5. 国家补偿公害救济

国家补偿公害救济主要包括战争以及公害引起的各种疾病和疾病预防等治疗、住院、检查、预防等费用。主要法律依据为《原爆受害者援护法》《石棉健康公害救济法》《预防接种法》《医药品综合机构法》《健康被害救济特别措施法》《特定B型肝炎感染者特别措施法》以及有关行政法令。

6. 社会救助

社会救助主要包括对侵华战争后在中国生活的孤儿和妇女的医疗保障给付、低收入个人和家庭成员的医疗救助给付等。主要法律依据为《中国残留孤儿/妇女支援法》《生活保护法》。

表 3－12　“保险优先”医疗给付种类

对象	法律名称	给付名称
残障者福利	残障者综合支援法	自立支援医疗：养育医疗，更生医疗，精神门诊医疗
	精神保健法	根据政令到指定医院治疗
	身体残障者福利法	入住残障者福利设施
儿童福利	儿童福利法	疗育给付/身体和智力残障儿童医疗及入所治疗等
	母子保健法	养育医疗
特定疾病	难病法	特定疾病医疗费给付
	儿童福利法	幼儿慢性特定疾病医疗费
	先天性血液凝固因子残障治疗事业	
	特定疾患治疗研究事业治疗费	
	肝炎治疗促进事业医疗	
	肝癌/肝硬变治疗研究事业	
公共卫生	感染症法	结核患者治疗，结核患者住院，感染症患者住院
	麻药及向精神药取缔法	行政指定医院住院
		一般医院医疗费

续表

对象	法律名称	给付名称
公共卫生		疗养费，研究治疗费
国家补偿 公害救济	原爆受害者援护法	
	石棉健康公害救济法	医疗费
	预防接种法	医疗费
	医药品综合机构法	医疗费
	新型流感预防接种	医疗费
	健康被害救济特别措施法	医疗费
	特定B型肝炎感染者特别措施法	定期检查费/母子/家庭感染防止医疗费
	水俣病综合对策费	
	有关甲醇水银影响健康调查治疗费	
社会救助	中国残留孤儿/妇人支援法	医疗支援给付
	生活保护法	医疗救助

资料来源：根据厚生劳动省2019年“公费医疗难病医疗指南”资料制作。

“保险优先”的公费医疗范围见图3－2。这项制度坚持医疗保险、公费、个人三者负担原则，在具体负担比例上医疗保险支付50%左右，负担金额参照高额疗养费给付标准具体实施，个人负担不超过规定的上限标准；公费负担和个人负担比例大致为公费负担30%～40%，个人负担10%左右。

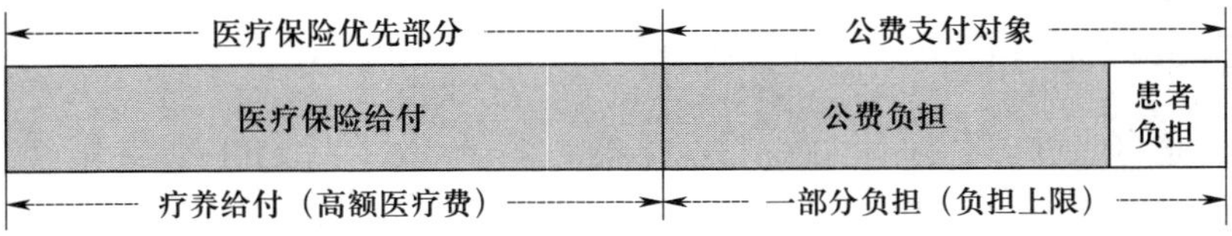

图3－2 保险优先的医疗给付范围

资料来源：根据厚生劳动省2019年版“公费医疗难病医疗指南”资料制作。

日本的公费医疗制度体系烦琐复杂，缺乏整合性是常年悬而未决的问题。公费医疗制度在建构过程中，渗透了较重的政治色彩和社会救助色彩，诸多制度是当事人或者社会团体通过社会运动和政治运动的形式提出要求而后形成议案，最后通过国会决议从而实施的，因此在具体经办中协商机制很重要。这项制度体现了日本社会保障的民主精神，体现了国家对国民基本医疗的底线保障，因此受到国民的拥护和关注。尽管这项制度所耗费的国民医疗费用比例逐渐增加，但是政治家在对其抑制费用的改革上持谨慎态度。

第四节　医疗保险就诊流程与诊疗报酬制度

一、医疗保险就诊流程

医疗保险制度的就诊流程如图 3－3 所示，①到④的程序是就诊的基本流程。

一是参加医疗保险缴纳保险费。在日本的居住者必须参加至少一种法定的公共医疗保险，即以被雇佣者为对象的健康保险和其他群体可以参加的国民健康保险。参保之后定期向医疗保险机构缴纳保险费，原则上参加医疗保险之后立即可以享用医疗服务，参保之前确诊为癌症的患者则需要进行审核，一般需要在缴纳 3 个月保险费之后享用医疗服务以及医疗给付。

二是领取医疗保险证。在日本，医疗保险证的社会信誉度很高，由于还没有普及身份证制度，医疗保险证等同于身份证，可以作为证明身份的证件使用。

三是到医院/诊疗所就诊治疗。日本实行自由选择诊疗机构的方式，医疗价格全国统一。

四是按个人负担比例向就诊医疗机构支付医疗费用。

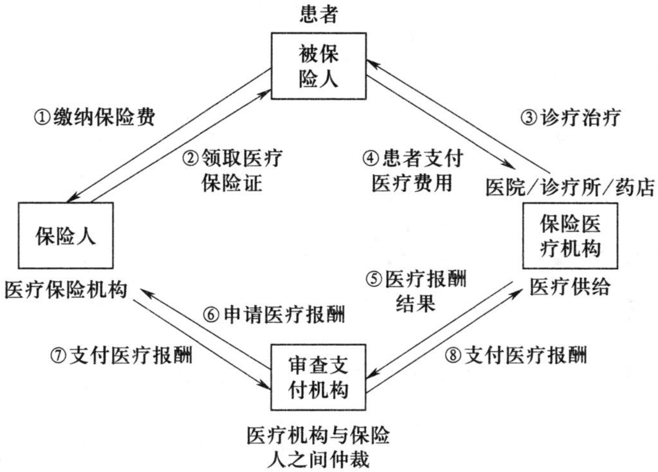

图 3－3　医疗保险就诊流程与诊疗报酬制度

资料来源：根据厚生劳动省发布的 2019 年“医疗保险诊疗报酬”资料制作。

患者就医之后，按照法律规定的缴纳比例向医疗机构缴纳个人负担的医疗费用，具体缴纳比例如表 3－13 所示。低收入者可以通过申请医疗救助的方式酌情减免负担金额；如果没有参加任何医疗保险、自费负担的情况下，患者要负担医疗费用的 150％。

表 3－13　　健康保险被保险人及家属个人负担比例

年龄段	类别	比例
学龄前儿童	全国统一	20％
小学生至 69 岁	高收入者/一般收入者/低收入者	30％
70～74 岁	高收入者	30％
	一般收入者/低收入者	20％

资料来源：厚生労働省．医療費の自己負担の割合について．2019.

二、诊疗报酬制度

诊疗报酬是指医疗机构根据医疗服务内容和服务方式向保险机构收取报酬的制度。图 3－3 中所显示⑤到⑧的程序是医疗服务方申请诊疗报酬的程序。

第一，患者个人支付以外的医疗费用，由提供医疗服务的医院、诊疗所和药店向审查支付机构提交医疗报酬申请。

第二，经审查支付机构审查合格，由审查支付机构向保险人支付医疗报酬。医疗报酬包括医疗技术、医疗服务以及使用物品费用等。享受费用减免的对象，例如，低收入者、被认定的高额疗养费使用者等的医疗费用减免也一并交由审查支付机构审核裁决。

第三，保险人根据审查支付机构提交的申请金额向其支付。

第四，审核支付机构向提供医疗服务的医院、诊疗所和药店支付医疗报酬。

计算诊疗报酬的价格标准分为基本诊疗费和特定诊疗费两部分。基本诊疗费是指患者到医院诊疗或住院时接受基本诊疗的费用，特定诊疗费是指除基本诊疗费和药费之外的诊疗费用，分为医学管理、居家诊疗、检查、画像诊断等，其价格详细记录在点数计算表中。[①]

诊疗报酬实行公定价格制度，每两年对价格进行一次调整。有关价格调整、协调以及诊疗报酬事务全国统一管理、统一价格。主管部门是依照《社会保险医疗协议会法》组成的中央社会保险医疗协议会（简称中医协），由厚生劳动省设置，也是厚生劳动大臣的咨询、智囊机构。中医协的委员由 7 名医疗保险支付方代表、7 名医疗服务提供方代表和以专家学者为主的 6 名公益委员组成，委员由厚生劳动大臣任命，任期两年。

就诊流程和诊疗报酬制度的基本特点是，由医疗保险机构负担的

① 李阳，董朝晖．日本诊疗报酬支付管理制度［J］．中国医疗保险，2017（1）：67.

费用，经过第三方审查机构的审查，最后由审查支付机构直接向提供医疗服务的医院、诊疗所和药店支付医疗报酬。其目的是通过第三方仲裁机构的审核和协调，保证医疗报酬支付的合理性和公平性。

三、诊疗报酬计算方法

诊疗报酬依照“诊疗报酬点数表”来计算，1 点对应 10 日元，分“基本点数”和“特定点数”两个部分。“基本点数”主要反映基本医疗服务项目的基础价格，“特定点数”则是在基础价格的基础上，结合医疗服务行为的难易程度以及其他因素，通过点数增加或者减少来控制医疗行为，以防止医疗资源浪费，达到监督医疗服务质量的目的。

“诊疗报酬点数表”分为医科诊疗报酬点数表、齿科诊疗报酬点数表、药科诊疗报酬点数表三种。表 3－14 介绍了 2020 年医科诊疗报酬点数表的内容构成。

表 3－14　　2020 年医科“诊疗报酬点数表”

第一章　基本诊疗费	第二章　特定诊疗费
（1）初诊、复诊费 （2）住院费	（1）医学管理费 （2）居家诊疗费
第三章　护理老年人保健机构入住者的诊疗费	（3）检查 （4）画像诊断费
（1）与保险医疗机构合办机构的疗养事项 （2）与非保险医疗机构合办机构的疗养事项	（5）开药方费 （6）注射费 （7）康复训练费 （8）神经科专业疗法费 （9）处置费 （10）手术费 （11）麻醉 （12）放射性治疗 （13）病理诊断
	第四章　其他有关措施

资料来源：根据厚生劳动省发布的 2020 年“診療報酬改定について”资料制作。

除上述价格计算外，还有 DPC/PDPS（Diagnosis Procedure Combination/Per-Diem Payment System）的计算方式。DPC/PDPS 是适用于急性诊疗期和急性诊疗医院计算诊疗报酬的方法，它参考美国 DRG 方式并根据日本国情而设计，2003 年开始实施。以诊断群分类为依据，并以每日每个住院床位为单位计算诊疗报酬，诊断群分类有 4 296 项内容。日本 DPC/PDPS 与美国 DRG 的区别在于，DRG 按照病人一次住院费用支付，日本按照住院床位支付，这种计算方法对慢性康复医院以及其他一般床位医院申请诊疗报酬比较有利。

算定方法分为评价部分与工作技能部分，评价部分包括住院治疗的基本费用，以诊断群分类决定一天的诊疗报酬。工作技能部分则强调医生的技术、手术难易度等，基本按照项目分类计算报酬。两者的评价要素加在一起统称为 DPC/PDPS 计算方式。

截至 2018 年，日本有 1 730 家医院、约 49 万张病床适用 DPC/PDPS 计算方式，占急性诊疗期一般病床的 50%以上。

四、医疗费用种类和个人负担

（一）医疗费用种类

医疗费用种类分为医科诊疗费、药房调剂医疗费、居家访问看护医疗费等。

表 3－15 显示了医疗费用的种类以及各类占医疗费用的比例。医科诊疗费所占比重最多，2016 年为 81.2%，包括住院费和门诊治疗费，其中住院费占 40.2%，门诊治疗费占 34.1%；齿科医疗费单独计算，占总体比例的 6.9%；药房调剂医疗费占总体比例的 18.3%；居家访问看护医疗费占 0.5%。

表 3-15 医疗费用的种类及其占比

医疗种类	国民医疗费（亿日元）	构成比例（%）
总计	42.2	100
医科诊疗费合计	34.3	81.2
其中 医科医疗费	31.4	74.3
住院费	17.0	40.2
门诊治疗费	14.4	34.1
齿科医疗费	2.9	6.9
药房调剂医疗费	7.7	18.3
居家访问看护医疗费	0.2	0.5

资料来源；根据厚生劳动省发布的 2017 年“国民医疗费状况”资料制作。

（二）医疗费用个人负担

为了解决医疗财政压力，近年来医疗制度改革的一个重点是提高患者个人负担比例，同时，结合患者个人经济收入状况，依据高收入者高负担、低收入者低负担的原则，对医疗费用个人负担比例进行不断的调整。

近年来，老年人医疗费用负担比例有诸多变化。20 世纪 70 年代初期，推行老年人免费医疗制度，年满 60 岁以上的老人，依据《老人福利法》规定，门诊医疗、住院医疗包括饮食费都由公费负担，个人不承担医疗费用。自 20 世纪 80 年代《老人保健法》推行以后，废除了老年人免费医疗制度，对住院和门诊医疗的患者征收象征性的医疗费用，比如，住院个人每日负担 1 000 日元，门诊治疗个人每日负担 400 日元，个人负担比例非常低。随着护理保险制度的推行，参照利用护理保险服务个人负担 10％的规定，2001 年将老年人医疗费用负担也提高到 10％。2003 年将已经到了退休年龄但仍在工作的老年人负担比例提高到 20％，2006 年将这一群体的负担比例提高到 30%；但已经退休不工作的老人依然按照负担 10%的标准。

2008 年创立了后期高龄者医疗制度，后期老年人负担比例为 10%、70～74 岁的前期老年人负担比例 20%，70 岁以下老年人与从业人员一样负担 30%。安倍政府执政以后，对老年人医疗制度进行大幅改革，改变了以年龄作为计算个人负担比例的依据，转变为以经济负担能力计算个人负担比例。2018 年医疗费用个人负担制度改革之后，提高了高收入老年人个人负担比例，70～75 岁高收入老年人以及 75 岁以上高收入后期老年人个人负担医疗费用比例分别提高了 10%、20%（见表 3 - 16）。由此看到，自护理保险制度推行以后，老年人医疗费用负担呈不断上升趋势，带来了老年人医疗费用负担过重的问题。

如果没有参加任何医疗保险，自费负担的情况下要负担医疗费用的 150%。

表 3 - 16　　医疗费用个人负担比例

对象	75 岁以上后期老年人 低收入者以及低收入家庭	70～75 岁老年人， 学龄前儿童	被雇佣者及家属， 65～70 岁的退休老人， 70 岁以上的高收入老年人
个人负担比例	10%	20%	30%

资料来源：厚生労働省．日本の医療制度．2018.

（三）医疗费个人负担增长状况

老年人特别是 75 岁以上后期老年人的个人医疗费用负担快速上升。后期老年人的经济收入主要依靠退休金，过高的医疗费用负担率，直接影响了老年人的个人和家庭生活水平。21 世纪以来，老年人贫困问题成为深刻的社会问题，其中，过高的个人医疗费用负担比例，是一个重要的原因。

2025年以后，日本第一次婴儿潮出生的人口进入后期老年人行列，将会对医疗保险带来更大的压力。2040年以后，年轻劳动力人口将急剧减少，年轻人口支撑老年人口的医疗负担格局难以维持，如何维持医疗保险制度持续发展，是日本不得不面对的现实性问题。

近年来日本加快了医疗制度改革，从改革的走向中可以看出三点动向。第一，要改变现行的由年轻人口支撑老年人口医疗费用的格局，针对65岁以上老年人，根据不同年龄段设计适合他们自己的医疗费用负担方式，在整体制度框架之下，再设计应对个别需求的救助以及援助方式。第二，创设75岁以上后期高龄者医疗制度与75岁以下老年人医疗制度，强化老年人群体自身的互助保障能力。第三，开源节流，一方面抑制医疗费用快速增长问题，另一方面提高个人支付比例以及医疗保险费缴纳水平，努力寻求保持收支平衡路径。

第五节　医疗供给体系

支撑医疗保障的三大支柱是医务工作者、医疗机构、医疗保险和公费医疗制度。其中医务工作者和医疗机构即医疗服务供给体系在保证日本医疗制度的公平和效率上起到至关重要的作用。

一、医务工作者

根据《医生法》《齿科医生法》《药剂师法》《保健师助产师法》等的规定，接受专业教育并通过国家资格考试获得资格认证的人员，才可以从事医务和医疗专业活动。根据2018年12月厚生劳动省发布的“卫生行政报告概要”的统计数据，日本全国共有医师327 210人，比上一年增长2.4%；其中，男性医师255 452人，女性医师71 758人，男性医师占绝大多数。此外，齿科医师104 908人，比上一年增长0.4%；药剂师311 289人，比上一年增长3.3%；护士1 219 000人，比上一年增长6.0%；保健师52 955人，比上一年增长3.3%；助产师36 911人，比去年增长3.2%。其他还有临床检查师、诊疗放射线师、理疗师、临床工学技士、假肢操作技师等医疗辅助技术人员。2018年医务工作者的增长比例反映了近年来持续增长的趋势，尤其是护士人才的需求量增大，增长幅度为最高。

医生在日本享有很高的社会地位，同时也可以获得较高的工资报酬，优秀人才愿意选择学医、从医，所以日本医务界集聚了社会精英，他们精湛的医疗技术和敬业精神，确保了日本具有世界一流的医疗技术和工作效率。根据2017年OECD医疗统计，OECD诸国当中医师拥有数量居第一位的是美国，第二位是德国，第三位是日本。多年来医科大学一直扩大招生，造成了医务人员供给多于需求的现象。厚生劳动省曾建议医科大学齿科招生定员减少20%、医科定员减少10%，但是，效果不明显。偏远地区医务人员不足，大城市医务人员过剩问题仍然没有得到解决，特别是齿科医院数量供过于求，齿科医院数量高于便利店的数量。根据厚生劳动省统计，截至2018年12月，齿科医院数量为68 433家，齿科医院大多是个人开立的私人医院，2000年以后一直呈增长趋势，大城市由于齿科医院分布过密，竞争激烈而带来的资源浪费问题早已经是医疗界的一大难题。

医疗资源集中大城市的另一面是农村以及偏远地区缺少医务人

员和医疗资源问题越来越严重，城市与农村，大城市与小城市之间的地区差距问题，始终没有找到解决的途径。

二、医疗服务供给体系

医疗服务供给的主体是民间医疗机构，医疗体制私有化是日本医疗服务供给体系一大特点。据厚生劳动省统计，截至 2017 年下半期，全国各种级别的医院 8 442 家，其中民营性质的医疗法人所经营的医院有 6 010 家，占总体的 70.8%。全国病床有 1 561 005 张，其中民营医疗法人医院病床 885 835 张，占总体的 56.5%。[①]

日本全国保留的 13 家麻风病疗养院由国家直接经营，各级地方政府直接经营以及独立法人经营的国立、公立医院 143 家，另有研究型大型国立专科医院 6 家。公营医疗机构虽然数量不多，但是汇集了大量的优秀医疗人才，引领日本医学科学的创新和发展。国立、公立医院在税收制度上享有免税待遇，因为肩负着特殊的医疗使命，大多数国立公立医院需要国家和地方政府提供一定的财政补助。

表 3 - 17 显示了不同经营主体的医院所占比重的状况，从 2017 年数据看，国立医院占据比例仅有 3.9%，公立医院占 14.5%，民营医院占据比例最高为 67.4%，提供医疗服务的主体是民营医疗机构。

表 3 - 17　医院经营主体所占比重　(%)

类别	国立医院（国家经营）	公立医院（地方政府经营）	社会保险机构经营	各类民营医疗法人经营	个人经营	其他
比重	3.9	14.5	0.7	67.4	3.4	10.2

资料来源：厚生劳动省医政局．医療供給体制の現状と課題．2017.

注：因四舍五入，相关数据存在加总不绝对相等的情况。

① 厚生劳动省医政局．医療供給体制の現状と課題．2017.

医院的规模分为大、中、小型三种，另外，根据医疗机构经营主体不同，推行不同的税收制度。如表 3－18 所示，由地方政府出资、独立行政医疗法人经营的公立医院可以免除国税、地方税，由国家财政出资的国立医院与公立医院相同，免除上述所有课税。由医疗保险机构以及全国成规模的福利团体设置的机构以及医疗法人和福利法人等经营的医院收益事业必须课税，但是，具有公共卫生性质的医疗保健事业免除一切相关税。国立以及公立医院为了最大限度地保证医疗的公共性，赤字经营者占多数。特别是老年人口多、地处偏僻的地区，民营医院经营困难且数量很少，公立医院发挥着重要的作用。由医生个体经营的诊疗所，他们在保护居民健康、预防保健、基础医疗服务、居家服务等方面发挥着积极作用。诊疗所主要依靠医生的医术和服务，不需要过多的设备投入，有较大的盈利空间，经营相对比较稳定。

表 3－18　　医院经营主体分类以及税制

经营主体		国税	地方税		
		法人税	都道府县地方税（法人税制）	市町村地方税税（法人税制）	法人事业税
都道府县/市町村地方行政法人（公立医院）		免税	免税	免税	免税
国立医院		免税	免税	免税	免税
医疗保险机构、红十字会、济生会等大型医疗福利团体附属医院		医疗保健事业免税/收益事业课税	医疗保健事业免税/收益事业课税	医疗保健事业免税/收益事业课税	医疗保健事业免税/收益事业课税
上述以外的地域型医院	医疗法人以外的机构	医疗保健事业免税/收益事业课税	医疗保健事业免税/收益事业课税	医疗保健事业免税/收益事业课税	医疗保健事业免税/收益事业课税
	医疗法人	所得收入全部课税	所得收入全部课税	所得收入全部课税	社会保险诊疗收入免税/自由诊疗收入减税

资料来源：前田由美子．公立・公的医療機関等の現状と課題［J］．日医総研ワーキングペーパー，2019（432）．

三、医疗供给体系特征

日本的医疗供给体系有几个比较突出的特点。

第一，门诊率高。门诊率高的原因是科目齐全的诊疗所布局合理，就诊非常方便。在城市，一般情况下十五分钟步行圈以内，都会设置有主要科目的内科、外科、眼科、皮肤科等诊疗所，方便就医。美国的国立、公立大型医院一般不开设门诊服务，重点放在高端手术。日本与美国不同，国立、公立大型医院也都开设各科门诊服务，目的是保证医疗资源的公平性、公共性。同时，全民医疗保险覆盖率几乎达到百分之百，并设有高额疗养费制度和公费医疗制度，就诊不必过度担忧医疗费用负担，这也是促成就诊率较高的因素。

第二，门诊率高的另一个侧面是住院率低。分布密集的诊疗所方便了国民的就诊，小病得到及时治疗，起到了很好的预防效果，这是降低住院率的主要原因。此外，诊疗所集聚了优秀医师，不是高难度医疗不用到大医院或者住院就医就可以解决，这也是住院率低的重要因素之一。也正是因为上述原因，患者一旦入住医院就是重病或者大病，住院时间比较长，这成为日本医疗供给服务中另一个特点。

如表 3－19 所示，在 OECD 国家中，日本的门诊就诊率最高，达到 13.1 次/年，其次是德国 9.9 次/年，瑞典为最低 3 次/年。日本允许医生自由执业，小规模医院和诊疗所大多在居民生活的社区，便于就近就诊的因素促进了较高的门诊就诊率。德国医疗体制与日本比较接近，社区医疗比较发达。美国则属于没有实现全民医疗保险，私人诊所费用高，医疗体系本身抑制了就诊率。

表 3-19　　医疗服务供给和利用率

国别	门诊情况（次/年）	住院情况（每千人）	平均住院天数	千人均病床数
日本	13.1	110.55	17.9	13.4
美国	4.1	125.49	4.8	3.1
英国	5	136.40	7.3	3
德国	9.9	244.17	9.3	8.3
法国	6.8	168.53	5.6	6.4
瑞典	3	162.51	6	2.7

资料来源：参考广井良典等人 2019 年编著的《社会保障》。

第三，人均病床占有比例较高，病床周转率比较低。医疗机构总量与总人口相比，日本在发达国家当中居前位，这与人均病床占有比例高的现象相吻合。但是，大都市医院的病床周转率比较高，而中小城市医院和诊疗所的周转率比较低，医疗资源浪费始终是日本被困扰的问题之一。

根据 2017 年 OECD 医疗统计，发达国家中日本病床数为第一位，美国第二位，德国第三位。根据日本《医疗法》规定，床位在 19 张以下的医疗机构被称为诊疗所，床位在 20 张以上以及满足了具有比较完善的医疗设备和医生体系的机构被称为医院。厚生劳动省 2018 年统计数字表明，全国共有诊疗所 102 396 家，病床数 91 610 张，齿科诊疗所 68 488 家。[①] 日本小型诊疗所拥有一定数量的床位，提高了人均床位占有比例。近年来，日本进行病床合理化改革，特别是诊疗所病床和偏远地区病床数出现减少趋势。图 3-4 显示了 2017—2019 年病床数变化的状况。

第四，与 OECD 诸国相比，日本呈现外科手术比例比较低，而

① https：//www. oecd. org/tokyo/home/.

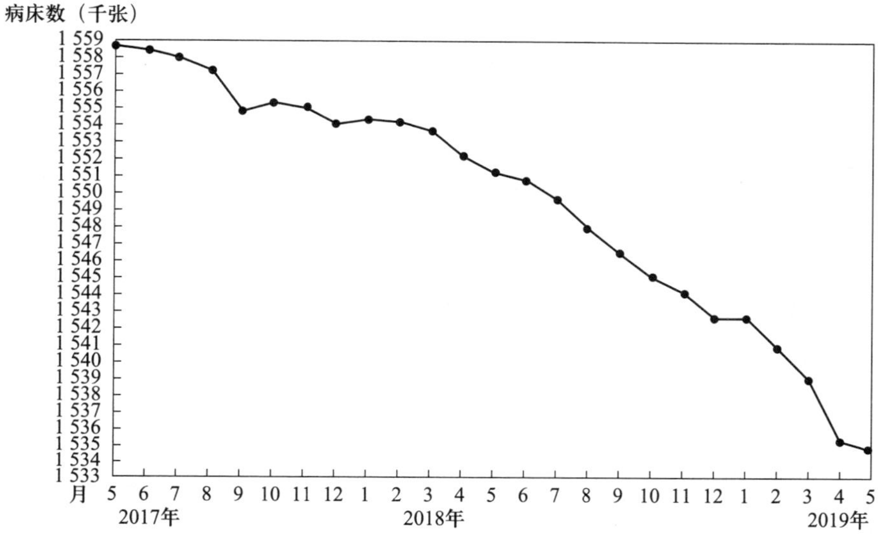

图 3－4　2017—2019 年日本病床数变化状况

资料来源：根据厚生劳动省发布的 2019 年“医療施設動態調查”制作。

药剂费比较高的特点。其文化背景是，国民均倾向不到万不得已时，尽可能避免手术、采取保守疗法。另外，汉方医学在日本有很大的市场，采取汉方医疗进行调养的习惯，与药剂费占医疗费用比例较高有直接影响。

第五，医疗供给体系的民营化是日本的一个特色，其中 90％以上的医疗供给机构都属于民间团体经营。上述公私性质来分，由厚生劳动省、独立行政法人开设的以及国立大学附属医院等属于国立运营机构；都道府县、市町村地方政府运营属于公立机构。医疗保险机构以及行业协会运营的医院、私立大学、医疗法人和医生个人运营的医疗机构属于私立机构。

参考文献

［1］田多英范．厚生（労働）白書を読む—社会問題の変遷をどう

捉えたか［M］. 京都：ミネルヴァ書房，2018.
［2］吉原健二，和田勝．日本医療保険制度史（第 3 版）［M］. 東京：東洋経済新報社，2020.
［3］島崎謙治．日本の医療増補改訂版：制度と政策［M］. 東京：東京大学出版会，2011.
［4］島崎謙治．日本の医療増補改訂版：制度と政策［M］. 東京：東京大学出版会，2020.
［5］西沢和彦．医療保険制度の再構築：失われつつある社会保険としての機能を取り戻す［M］. 東京：慶應義塾大学出版会，2020.
［6］二木立．医療経済・政策学の探究［M］. 東京：勁草書房，2018.
［7］池上直己．日本の医療と介護 歴史と構造、そして改革の方向性［M］. 東京：日本経済新聞出版，2017.
［8］真野俊樹．医療危機—高齢社会とイノベーション［M］. 東京：中央公論新社，2017.
［9］日本版 OECD：2016—2018 年度医療．https：//www. oecd. org/tokyo/home/.
［10］2015—2020 年“医療費の動向”調査“医療費の動向”調査．https：//www. e-stat. go. jp/stat-.

第四章

护理保险制度

日本老年人护理福利政策始于1963年，以《老人福利法》出台为主要标志，经过几十年的发展，老年人护理福利政策已经从选择型走向普惠型，护理服务的供给由政府统管和政府购买走向供方和需方通过契约方式确定，通过“准市场”服务平台提供。而推动老年人护理福利政策出现转变的契机是2000年正式实施《护理保险法》。依法制定的护理保险制度以社会保险互助共济原则为主要运行方式，是继医疗保险、年金、失业保险之后，创建的新型社会保险。日本的护理保险制度改变了自古以来的家庭养老格局，将家庭养老推进到由护理保险制度买单，老年人养老护理走上社会化的轨道。日本是亚洲地区率先推行养老护理社会保险化、护理服务公共化的国家，对其制度的创建和运行过程进行客观分析具有社会意义。

第一节　护理保险制度发展脉络

一、护理概念和政策含义

（一）介护与护理

日文“介护”（kaigo）一词，与英文“long-term care”词义相

近。我国对日文介护的中译方式各持己见，尚未统一。笔者自20世纪90年代中期开始，用中文发表相关领域论文时，提出用护理来概括介护的含义更为准确，因此一直以中文护理的概念表述日本社会政策意义上的介护概念。对于护理的诠释获得国内学界诸多同仁认同，并被广泛使用。

20世纪80年代以前，日本学界使用介护一词并不多见，关于专业用语介护的词源，护理福利学创始者一番ケ瀬康子的考证为大多数日本学者所接受。她认为，日本没有沿袭欧美重视老年人医学概念的思路，而是使用了介护作为专业术语，主要受1963年颁布的《老人福利法》的影响和制约。《老人福利法》第一条在表述法律目的中强调，为“老年人的身心健康以及生活安定提供必要的措施”，第二条基本理念中提出“保障老人充满人生意义的、健康的、安定的生活”。在《老人福利法》目的和基本理念条文中，都一再强调对老年人生活予以保障，而生活必将是充满人生意义的健康的、安定的生活。

一番ケ瀬康子在日文专著《介护福利学》以及《介护概论》中提出，介护是福利概念中的生活“介助”与医疗概念中对疾病“看护”的意义组合。创新意义上的介护是指，通过专业化的援助方法，对有护理需求的人进行身体的、精神的、社会性的照顾，保障其获得充满人生意义的健康、安定的生活，以促进其生活自立。她提出，护理需要专业化和伦理性。为什么需要专业化？她认为对生命质量和生活质量负责是护理的基本准则，它与医疗领域一样，需要专业化技能，护理工作正是因为涉及生命和生活的双重问题，护理工作人员更需要伦理观念。

笔者与同仁将一番ケ瀬康子的专著《介护福利学》译成中文，以《护理福利学》为名分别于2005年、2009年在香港和北京出版。关于“介护”一词的中译，笔者曾和一番ケ瀬康子本人做过深入探讨。笔者提出介护在中文的意境中难以表达日文介护一词中涵盖的精神性和社会性，她非常赞成此观点，经过我们的精心考证，决定用中文护理一词替代日文意境中的介护一词。“护”表示对其身体的专业性看护，“理”表示朝着充满人生意义的健康生活方向进行调理。[①] 用“调理”而没有用管理或者照顾，是为了强调在整个护理过程中老年人的自主和自立。

关于护理保险制度的意义，笔者曾经提出它是为老年人口提供身体看护以及包括精神生活在内的生活服务的一项常规化、社会化的社会制度。年金保险制度从经济上提供必要的保障，护理保险则是通过提供必要的身体的、精神的日常生活服务，保障其最终生活阶段的生命质量和生活质量。

（二）护理保险制度的三个基本原则

作为一项公共性的制度，日本《护理保险法》为护理保险制度的实施确立了三项基本原则。

首先，护理服务的法制化、制度化原则。将老年人护理问题法制化、制度化、专业化的讨论，早在20世纪70年代末已经开始。日本最高学术机构——日本学术会议（院士构成的组织）在1980年召开的第80回学术会议上，讨论通过创建国立老龄化、老年人疾病研究中心；在1987年召开的第103回学术会议上，讨论通过成立政

① 一番ケ瀬康子．护理福利学［M］．沈洁，等译．北京：中国社会出版社，2009.

府咨询机构——日本高龄社会综合研究中心，从社会人文科学和自然科学的角度研究和策划如何应对即将到来的老龄化问题。在这次会议上，无论是自然科学还是社会科学的院士一致认为，老龄化问题研究是当务之急，迫切需要创建新的制度来应对。他们提出了三个理由：第一，老老照顾、家庭内部虐待老年人、因家庭护理导致家庭陷入经济贫困等问题大量出现，表明家庭照顾已经到了极限，需要公共政策尽快介入。第二，由于家庭照顾缺乏专业护理知识，居家护理褥疮发病率比进入机构接受专业护理要高出多倍，甚至导致多有死亡事件发生。保障老年人晚年生活质量和生活尊严，需要专业化的护理和护理环境。第三，日本教育体系中缺乏老年人护理教育课程，需要尽快培养护理专业人才。日本学术会议将以上三点意见以及舆论调查结果汇总为政策建议书递交日本国会，为家庭养老走向社会化吹响了前奏。政策建议书中还提出，老年人护理体现了人生最后阶段的社会保障理念。日本学术会议所倡导的注重人生最后阶段社会保障的理念，对此后日本护理政策和护理理论的发展和建构产生积极影响。在这一理念的指导下，1989 年日本政府制定"黄金计划"（即"老年人保健福祉推进十年战略"），1994 年制定"新黄金计划"，1995 年制定了《高龄社会对策大纲》，1997 年国会通过《护理保险法》。

其次，保障人生最后阶段的基本尊严。护理服务应该体现让老年人在最后阶段也能够保持人生的基本尊严，保障其生命质量和生活质量。《护理保险法》在法律目的的表述中明确提出，"对由于老龄和身心变化引起的疾病而需要提供入浴、排泄、进食等护理以及康复、疗养等管理上需要医疗看护等，应根据他们自身保有的能力提供必要的保健医疗服务以及援助，保护他们的尊严，保持其日常生活自立”。

最后，实现生活自立是提供护理服务的基本目的和原则。《护理保险法》中所规范的护理对象是“由于老龄和身心变化引起的生活不能自理者”，提供“专业化的护理、康复、疗养”等服务，促进老年人生活自立是护理保险制度遵循的又一条原则。①

老年人护理理念的确立以及护理保险制度的实施，表明了日本社会保障政策到了一个新的转折点。首先，它将家庭个人生活领域的养老护理列入公共服务领域，实现养老护理社会化。其次，确立护理保险财政筹资以及服务供给多元化机制，体现个人、家庭、社区、企业和各级政府多方参与、各司其职。最后，它确立了人生最后阶段的社会保障理念，规范服务供给侧应该提供足以保障尊严和有生活质量的护理服务。

二、护理保险制度发展脉络

护理保险制度从制度酝酿、试行、正式运行直至今日，经过了一个曲折的探索过程，以下对其制度演进过程和发展路径进行概述。

（一）老年人护理制度的酝酿期

1963 年《老人福利法》的实施，是老年人护理福利政策的重要起点。1960 年 65 岁以上老年人所占总人口比例第一次突破 5.7%，而 65 岁以上老年人大多经历了战争磨难，对日本突然腾飞并高速发展的社会难以适应，生活陷入孤立、贫困状态的居多。为了让他们

① 参考《护理保险法》第一章总则，2017 年修订版。

共享经济发展的成果，1962年日本试行家庭侍奉员制度，为居家的孤独老人提供生活照顾服务。同时根据1963年颁布的《老人福利法》，各个都道府县兴建了第一批公立特别养护养老机构，扩大机构养老范围。

20世纪70年代，在推行老人免费医疗制度的同时，又将家庭侍奉员制度进一步制度化，建立了家庭护理员制度。家庭侍奉员以及家庭护理员制度，是为有房产的居家老年人提供生活照顾服务，不涉及身体护理的服务项目，身体护理照顾强调由家人承担。公共政策参与居家服务的主要目的是减轻家人照顾老年人的负担，但仅仅局限于辅助性、实物援助性服务，多是低偿或者无偿服务。当时，养老机构的主要对象是低收入或者无扶养人的老年群体，以提供基本生活照顾为主，对重度老年人提供部分专业护理服务。入住养老机构需要通过家计调查和个人经济收入调查，是否属于低收入群体、是否有子女照顾是审查的主要标准。

20世纪70年代日本经济发展走向鼎盛时期，GDP位居世界第二位，国民生活从战后贫困迅速走向富裕，此后，常常以“一亿人口全部进入中产阶级”来形容当时国民生活的小康状态。以此为背景，1973年推行老年人免费医疗制度，这项制度的最大受益者是中产阶层家庭的老年人。20世纪60年代创建的公立特别养护养老机构，主要对象是低收入家庭老年人，中产阶层家庭难以入住或者不愿意入住公立养老机构。虽然为中产阶层家庭提供了诸多低费和免费居家生活服务项目，但是仍不能满足家有卧床不起老年人的专业护理需求，同时，又没有适合中产阶层家庭需求的公共养老机构。为了解决中产阶层家庭护理的困难，日本允许通过医疗保险渠道入住老年人医院或者一般医院，以此缓解这些家庭的老年人护理问题。大多数老年人入住医院以后，就不可能再回归家庭，老年人免费医疗以及长期住院，给医疗保险财政带来了巨大的压力，为医疗保险制度减压成为20世纪80年代社会福利政策的主要课题。

（二）老年人护理制度的试行期

进入20世纪80年代，65岁以上老年人口比例从20世纪70年代的7.1%上升到9.1%，老龄化问题成为备受关注的社会问题。为缓解老年人医疗以及长期住院对医疗保障财政的压力，1982年出台了《老人保健法》，将老年人医疗和保健预防分离，同时，将老年人免费医疗改为酌情收费。1986年颁布《长寿社会对策大纲》、1987年颁发《社会福利士及护理福利士法》，并对《老人保健法》进行修订，兴建老年人保健机构，对老年性疾病进行早期预防。1989年制定的“黄金计划”，扩大了覆盖范围和服务范围，并开始建构护理保健专业化体系，推进护理专业化。为了开辟支撑老年人福利发展的固定财源，1989年创建消费税制度，消费税率定为3%，将征收的消费税收入用于扩建养老设施和开拓居家养老服务体系。

20世纪80年代是日本老年人福利政策转型的重要时期，它呈现出两个特点。第一，社会政策从支持家庭养老逐渐朝着养老社会化方向转换，服务对象从偏重低收入老年群体转向一般老年群体。同时，开拓居家养老服务体系、积极推进老年人疾病预防和保健。

（三）出台《护理保险法》

进入20世纪90年代，日本加快了有关老年人护理的社会化、制度化、专业化的进程，相继推出了一系列有关老年人护理福利的战略计划。1994年制定“新黄金计划”，1995年制定《高龄社会对策大纲》，1997年国会通过《护理保险法》，通过法律的形式确立了护理社会化、制度化、专业化的基本方向。但是囿于护理保险财源问题，护理保险制度并没有在1997年进入实施阶段，而是准备利用三年时间解决筹资渠道和筹资方式问题，当时决定最迟在2000年将护理保险制度全面铺开。为了解决筹资渠道和筹资方式问题，首先将消费税率从3%提高到5%，由全民出资解决老年人的护理难问题，为老年人护理走向社会化的转型道路开创政策环境。经过三年的资金、人才建设、设施扩展等一系列准备和试点运行，日本于2000年开始正式实施《护理保险法》，并根据此法的基本原则在全国各地普遍展开老年人护理服务项目。

（四）护理保险制度建构过程分析

从表4－1概括的发展脉络看到，自20世纪60年代开始实施老年人福利制度至2000年护理保险制度出台，几乎每隔10年都要根据经济、政治、社会变动状况对老年人的护理福利政策进行大的调整。在经历近40年老年人护理福利政策建构过程后，日本逐渐将年老后生活照顾的责任从家庭内部推到家庭外部，从私人化走向公共化。

表4－1　护理保险制度建构过程

年代	高龄化率	主要政策
20世纪60年代 老人福利政策的开始	5.7%（1960年）	1962年试行家庭侍奉员制度 1963颁布《老人福利法》
20世纪70年代 老人医疗费增加	7.1%（1970年）	◇开创特别养护养老机构、居家访问护理法制化 1973年实施老年人免费医疗制度 1978年推行短期入住护理服务 1979年推行日间照顾事业

续表

年代	高龄化率	主要政策
20 世纪 80 年代 长期住院以及卧床不起老年人增加	9.1%（1980 年）	1982 年颁布《老人保健法》 改革老年人免费医疗制度，推行酌情收费 1987 年修订《老人保健法》 1987 年颁布《社会福利士及护理福利士法》 1989 年推行消费税制度（3%） 制定“黄金计划” ◇紧急扩建福利机构、加快开拓居家服务事业
20 世纪 90 年代 “黄金计划”实施，为护理保险制度出台做前期准备	12%（1990 年）	对有关社会福利的八项法律进行同步修订 ◇福利服务供给市町村一元化管理、制定老年人保健福利计划法制化 1992 年修订《老人保健法》（开创老人访问看护制度） 1994 年厚生省设置老龄者护理对策本部（具体设计护理保险制度） 制定“新黄金计划”，出台《高龄社会对策基本法》 1996 年联合执政党的三党派对颁布《护理福利法》达成最终协议 1997 年消费税比例由 3%提高到 5% 国会通过《护理保险法》
21 世纪 护理保险制度实施	17.3%（2000 年）	2000 年《护理保险法》正式实施

资料来源：厚生労働省老健局．公的介護保険制度の現状と今後の役割．2018.

20 世纪 80 年代中期是老人护理福利政策的转折时期，其原因既有人口结构变化的因素，也受制于社会保障改革以及经济发展减速等情况。关于人口结构变化，主要表现在老龄化和少子化。1970 年老龄化率突破 7.1%，1980 年上升到 9.1%，1990 年为 12.0%，2000 年 17.3%，特别是 1990—2000 年，增长速度超过 5.3%。与此同时并进的是生育率下降，1971—1974 年是日本第二次世界大战后的第二次婴儿潮，综合出生率维持在 2.14 左右。1989 年第一次受到少子化冲击，出生率迅速下降到 1.57；2004 年再次出现低值，下降到 1.29。来自老龄化和少子化两方面的冲击，让日本整个社会感受到少子老龄化的重压。

除上述人口结构转型原因之外，还有来自社会保障制度方面的诸多原因。第一，年金制度进入成熟期，领取年金的老年人口增加，而缴纳年金保险的年轻人口减少，年金保险财政收支不平衡。另外，国民年金空洞化问题严重，缴费率不足60%，由于各种原因没有缴纳年金或者缴纳年限不足，领取年金额度偏低而导致年老后陷入贫困等问题逐渐凸显。尤其是对于卧床不起的老年人，单靠年金给付的现金收入来解决老年人贫困问题越加困难，需要通过提供实物性的公共服务解决低收入老年人生活困难问题。

第二，医疗保险费用居高不下，主要原因是长期住院问题。具有公共性质但数量不多的养老机构主要面对低收入老年人家庭，面向中产阶层家庭的公共养老服务机构极端不足，所以这些家庭的老年人就采取长期入住老年人医院或者一般医院的方式解决护理问题。到21世纪，70岁以上老年人医疗费用负担方面仍然是免费或者个人负担10%，长期住院带来的医疗保险财政压力，加重了年轻一代的缴费负担，代际负担不公平问题开始引起年轻一代的不满。

第三，老年人福利政策有碎片化问题。20世纪60年代颁布《老人福利法》，主要面向低收入老年人提供公共服务项目。20世纪80年代为了缓解中产阶层老年人需求以及补充《老人福利法》在提供服务对象和项目上的不足，颁布《老人保健法》，在一定程度上扩大了覆盖范围和服务范围。但是，两项制度是在不同的时代背景、面对不同的社会需求被建构的，制度之间不仅存在重复也存在互相矛盾的现象。

老年人福利制度提供的服务项目主要包括入住特别养护养老机构、提供居家养老服务和日间照顾服务，该制度的问题点在于，由政府决定而非享用者自主选择服务项目，需要接受家庭经济收入状况审查，享用者有很强的心理抵触；服务项目单一，中高收入阶层利用这项服务时个人负担比例过重。老年人医疗服务制度的服务项目主要有入住老年人保健机构、一般医院，提供疗养型病床和巡回看护服务、康复服务，该制度的问题是中高收入阶层享用医疗保健服务的负担费率低于老年人福利的负担费率，但是，服务项目和服务质量却高于老年人福利制度提供的服务，中高收入阶层是最大的受益者。也由此带来了中高收入阶层以需要护理的名义，长期占用一般医院病床，长期住院问题日益加剧。老年人福利制度本身不仅没有体现再分配的基本原则，反而带来了阶层分化。另外，也带来医疗资源的极大浪费。为应对不同时期出现的问题，日本陆续出台了诸多法律和应对政策，政策之间既有重合、又有相抵，需要对碎片化的政策进行整合。日本长年以来面临积压在制度层面上的结构性问题，只有通过新的制度框架才能对碎片化的制度体系进行整合，这是护理保险制度出台的政策背景。

第四，需要开拓国内市场，应对经济发展减速问题。日本试图通过开辟老年人护理市场，激活国内市场的护理消费。特别是老年人储蓄比例过高，储蓄沉淀影响了资本运作和经济效率。日本护理保险制度采取了“准市场”的运作方式，其目的是在坚持公共服务基本原则基础上，吸引市场力量的参与，形成一个由国内资本可操控的护理市场，拉动内需、刺激经济发展。

上述的各种因素为《护理保险法》“登场”提供了契机。

三、有关护理保险制度的理论争议

20 世纪 90 年代末，围绕着是否有必要创建护理保险制度，社会各界针对以下几个问题展开了论争。

（一）社会化养老还是固守家庭养老

保持浓厚东亚文化的日本，长期以来家庭是提供照护老年人服务的主体，家庭福利供给在支撑养老问题上始终扮演着重要角色。但是，随着人口流动带来的家庭结构小型化，生活富裕和便利带来的个体化，大大削弱了家庭在福利供给上的作用。

家庭养老功能弱化问题，早在 20 世纪 60 年代大量农村人口流向城市，解决经济快速发展中出现的劳动力不足问题时，就已经呈现。1963 年出台《老人福利法》，其主要意图就是为那些子女不在身边以及低收入老年人提供公共服务，弥补家庭扶养功能弱化以及生活水平下降等问题。该法明确了国家对老年人的身心健康、生活安定以及福利服务予以保障的基本原则，免费向老年人提供定期体检服务、建立了老年大学以及养老机构等，试图解决老年人以及子女的后顾之忧。1972 年修订《老人福利法》，对 70 岁以上老年人实行免费医疗制度。1982 年又通过制定《老人保健法》扩建公共养老设施。无论是颁布《老人福利法》还是颁布《老人保健法》，都一再强调其目的不是去家庭化，而是弥补家庭育儿养老功能的弱化，维护家庭的育儿养老正当化。

《老人福利法》与《老人保健法》政策实施的结果并没有达到政策目的。20 世纪 70 年代以后，家庭规模小型化、家庭个体化、老老照顾家庭增多等社会问题越来越严重，家庭这个载体越来越难以承担照顾老年人的重任。

表 4－2 显示的是 20 世纪 70 年代以来，家庭结构变化的状况。1975 年，有 65 岁以上老年人的家庭占所有家庭比例的 21.7%，独居老年人家庭占 65 岁以上老年人家庭的比例为 8.6%，老年夫妇家庭占比为 13.1%，与未婚子女同居的老年人家庭占比为 9.6%，三代同居家庭占比为 54.4%。1995 年，有 65 岁以上老年人的家庭占所有家庭比例的 31.1%，独居老年人家庭占 65 岁以上老年人家庭的比例为 17.3%，老年夫妇家庭占比为 24.2%，与未婚子女同居的老年人家庭占比为 12.9%，三代同居家庭占比为 33.3%。到了 2015 年，家庭结构变化趋势越加明显，有 65 岁以上老年人的家庭占所有家庭比例上升到了 47.1%，独居老年人家庭占 65 岁以上老年人家庭的比例为 26.3%，老年夫妇家庭占比为 31.5%，与未婚子女同居的老年人家庭占比为 19.8%，三代同居家庭占比为 12.1%。变化总趋势表现为，独居老年人家庭、老年夫妇家庭比例急剧上升，三代同居家庭急剧下降。由于晚婚和不婚等因素，与未婚子女同居的老年家庭比例也呈上升趋势。

表 4－2　　65 岁以上老年人家庭结构变化的趋势

年度	占家庭总数的比例（%）	独居老年人家庭（千户，%）	老年夫妇家庭（千户，%）	与未婚子女同居的老年人家庭（千户，%）	三代同居家庭（千户，%）	其他（千户，%）
1975	21.7	611，8.6	931，13.1	683，9.6	3 871，54.4	1 023，14.4
1995	31.1	2 199，17.3	3 075，24.2	1 635，12.9	4 232，33.3	1 553，12.2
2015	47.1	6 243，26.3	7 469，31.5	4 704，19.8	2 906，12.1	2 402，10.1

资料来源：国立社会保障・人口問題研究所．日本の将来推計人口．2017.

注：由于四舍五入，相关数值存在加总不绝对相等的情况。

福利政策的目标究竟是社会化养老还是固守家庭养老，是在家庭化还是去家庭化？虽然大多数政治家以及学者担心养老社会化之后，会加速家庭养老功能的解体，但是，家庭结构小型化、个体化，人口长寿化、老龄化的发展趋势已经不可逆转。国会审议《护理保险法》时争论仍然激烈，最后以对部分条文进行修正为条件，赞成派与反对派才达成了协议。比如，赞成派在原定方案中，设定的由家庭成员照顾父母、经过审核符合给付标准的，可以从护理保险中获得护理报酬的条款，在反对派的强烈反对下撤销了。但是，日本决定在全国推行护理保险制度，表明了日本老年人福利政策的方向性转换，即从强调家庭责任的家庭养老转向体现社会责任的养老社会化。

（二）医疗保险统一筹资还是另设护理新险种

护理保险筹资是在现有的医疗保险制度体系中进行还是另设护理保险新渠道？即如何为养老社会化买单？由谁来买单？20 世纪 70 年代日本曾推行老年人免费医疗制度，人们对医疗费用以惊人的速度增长依然记忆犹新（见图 4－1）。

图 4－1 显示了国民医疗费与国民收入增长率的变化。1961—1965 年，国民健康保险在日本全国普及，享用医疗服务人数出现快速增长，这一时期的医疗费用增长率比较高，超过了国民收入的增长率。当时为了提高国民生活质量，通过提高以实物给付为形式的医疗服务的数量和质量、改善国民生活水平被作为医疗政策的制定目的之一。1966—1973 年，医疗给付率超过 70%，医疗服务质量和数量都有了根本性的改善。这一时期，日本经济处在快速发展时期，国民所得也以 10%快速增长，医疗政策与经济发展基本同步，获得了很好的预期效果。

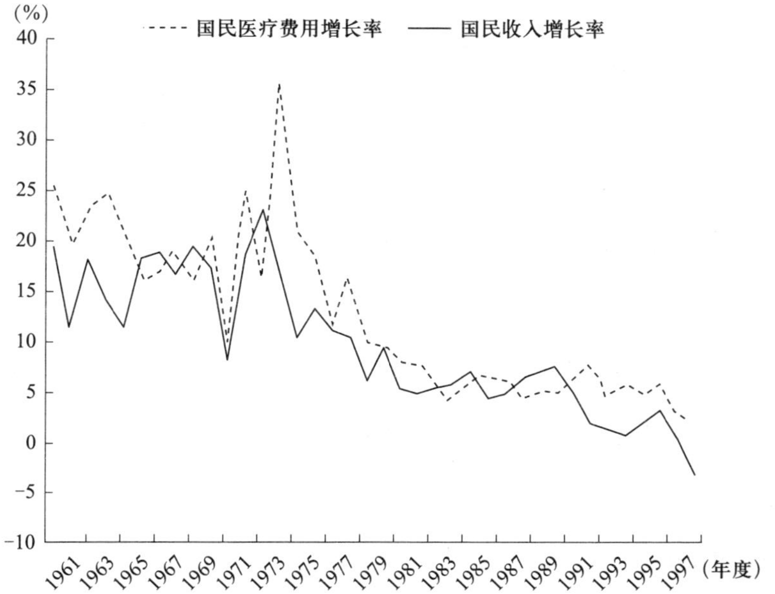

图 4-1 1961—1997 年日本国民医疗费与国民收入增长率比较

资料来源：坂本圭．日本的医疗财政的现状与课题［J］．川崎医疗福利学会杂志，2005（14-2）：250.

但是，1973 年推行老年人免费医疗制度之后，老年人的就诊率和住院率急速上升，第二年国民医疗费用的增长率超过了国民收入增长率，达到了 36.2%。不幸的是在此时期出现世界经济危机，1974 年日本经济迅速滑落，由此带来的落差给医疗保险财政带来了压力。根据统计，1961 年实施国民健康保险，当年的国民医疗费用总额是 5 130 亿日元，1973 年推行老年人免费医疗制度后，老年人医疗费用急剧上涨，1982 年国民医疗费用总额已经突破 13.87 兆亿日元，增长率为 27 倍。为了抑制国民医疗费用的增长，1982 年推行《老人保健法》，1983 年终止了老年人免费医疗制度。1985 年通过社会保障改革，大幅削减了公共年金支付总额以及对老年人经济收入补偿，减缓了由于老龄化带来的对年金以及医疗保险财政快速增长的压力。

调整医疗费用是一个很敏感的政策话题，在政策选择上经历过不少挫折。为了避免因取消老年人免费医疗导致的社会不稳定，20世纪80年代，政府试图通过提供公共服务，以实物型给付给予低收入老人补偿，重点是为低收入和护理需求比较高的老年人提供不同形式的免费或者低费的公共服务。这一预算来自一般国家财政补贴，与年金以及医疗保险财政分离。因为把服务对象限定在低收入阶层老年人，具有护理需求的中产阶层老年人无法利用上述护理服务，导致大批中产阶层家庭的老年人不得不长期住院，住院费用以及医疗费用从医疗保险费支付，个人负担10%、医疗保险负担90%。废止老年人免费医疗制度，国民医疗费快速上升问题在一定时期收到一定效果，但此后接踵而来的长期住院问题，反而增加了医疗保险财政负担，也造成医疗资源的严重浪费。

日本为了解决老年人的护理问题已经在医疗保险费用开支以及政府财政补贴上进行了各种尝试，从各类政策经验教训中，最终放弃了走与医疗保险衔接的政策选择，采取了单独成立护理保险、开辟新财源的政策路径。

（三）护理保险政策取向是救贫型还是普惠型

从20世纪60年代开始建构的老年人福利政策基本是以保护低收入老年人利益的救贫型取向，比如，入住养老机构的审核，把经济收入以及有无亲属照顾作为政策标准，属于典型的选择救贫型政策。虽然在提供社区养老服务时兼顾了中产阶层利益，但是，社区养老服务项目单一，且与入住养老机构等公共服务项目差距甚远，不能满足中产阶层家庭的需求。部分中产阶层因家有需要重度护理的老年人，不得不利用市场提供的高昂的护理服务，或者辞去工作照顾家人，从而导致生活水平下降以致贫困，这种社会现象引起广泛关注。如果推行护理保险制度，中产阶层和工薪阶层是缴纳护理保险费的主力军，也是最主要的保险费来源。政策上是选择以低收入老年人为主的救贫型，还是兼顾中产阶级利益的普惠型？面对舆论以及研究论证的结果，政府最终选择了普惠型路线。在推行护理保险制度初期，政府大张旗鼓地宣传护理保险制度是体现中产阶层利益的制度，服务项目设定也是兼顾中产阶层利益需求，由此获得了主要纳税人的支持。总之，政府在寻找解决家庭养老困境以及缓解国民医疗费用对政府带来财政压力的探索过程中，决定选择了走德国道路，新建护理保险险种，并依据社会保险互助共济的基本原则，政策要体现普惠与公平。

1997 年日本国会通过了《护理保险法》，但是鉴于财政资金不到位以及反对声过大等原因，法律的实施被推迟到 2000 年。

总结日本选择创建护理保险的动因可以概括为以下四点。第一，通过建立新的险种，开辟新的社会保险财源。第二，护理保险制度与年金、医疗保险一样，涵盖所有国民。它可以改变以往将公共服务的护理对象限定在低收入阶层的弊端，作为主要纳税人的中产阶层，如果有护理需求，可以平等地接受护理服务，平息了中产阶层的不满。第三，通过导入护理级别评定以及享用者个人负担 10%费用的机制，抑制那些轻度或者中度护理级别老人过度利用护理服务，解决了长期住院问题。第四，引进市场竞争机制，营造“准护理市场”，提高公共服务的效率。日本是继德国、荷兰之后，第三个以社会保险方式建立公共护理保险的国家，也是由国家主导积极推进护理服务社会化的国家。

四、创建护理保险制度的政策意义

（一）养老护理服务的财政从中央包揽走向互助共济

护理保险制度实施之前，依据《老人福利法》和《老人保健法》提供的养老服务项目，财源来自政府税金。护理保险制度实施之后，依据互助共济的社会保险理念，明确了护理费用的分担机制以及受益者和缴费者的责、权、利，并实现了财源的透明化。鉴于是公共社会保险，征收保险费具有强制性，因此，可以确保固定的财源来支撑制度持续发展。改变了以往老年人福利制度完全依赖政府税金的财政方式，减轻了政府对于社会保障财政投入的压力。

（二）从家庭风险走向社会共同承担风险

日本从此明确了养老护理的责任并非家庭责任，是需要社会支援的体系和网络共同承担风险。随着老龄化、长寿化以及社会的个体化、孤立化的进程加快，家庭以及个人都将面临护理风险。特别是对于进入老龄阶段的老年人，最大的不安就是护理问题。减轻老年人家庭和老年人最大的不安，实现老龄社会的安定化，是制度的最大目标。20 世纪 60 年代根据《社会福利法》设计的老年人福利主要是面对低收入老年人和家庭，而护理保险制度取消家计调查，保障老年人无条件获取护理服务，实现了养老护理的社会化和普惠。

同时，自立生活援助是护理服务的基本原则和基本理念。自立生活援助突出了老年享用者主体性理念，最大限度地挖掘老年人自身的自立生活能力，尊重老年人自身选择。援助服务是客体，只对有护理需求和要求的老年人进行自立生活援助，改变了以往把老年人养起来的大包大揽的行为方式，维护老年人的生活质量和生活的连续性。首先是实现个人生活自立，之后才是实现社会自立。老年人护理政策确立的自立生活援助的基本原则，对残障者福利、儿童福利等领域带来了积极的影响。

（三）服务供给从政府行为走向市场化选择

以往的护理福利供给采取政府购买和按政府政令分配的管理模式，参与提供服务供给的组织被局限在社会福利协议会和社会福利法人范围，由市町村政府采取购买方式操作。护理保险的实施，扩大了服务供给组织的范围，特别是居家护理领域，只要符合条件、获得批准，不分公营还是民营甚至个人，都可以平等参与、平等获取护理服务报酬。由于政策放宽，上市公司、农民协会、非营利组织等各种民营团体开始积极参与，实现了供给组织的多元化，扩大了服务供给的总量。由于导入了社会市场的竞争机制，供给组织在护理保险制度营造的“准市场”经济体制内，通过公平、公正的竞争，实现优胜劣汰，保证护理服务基本质量的平衡。

第二节　护理保险制度概要

护理保险制度在上述背景之下走上社会舞台，它在诞生之初就呈现了与其他社会保险险种的不同之处。首先，与年金、医疗保险不同，保险责任主体是基层政府市町村。其目的是缓解中央政府在社会保障财政上的压力，同时也体现地方分权的行政制度改革。另外，借鉴瑞典经验，将提供老年人服务的供给主体放权给基层政府市町村，这是因为提供养老护理服务以及居家服务自然是要贴近居民生活。从历史发展过程看，老年人福利和老年人保健也是以基层政府为责任主体，护理服务与福利、保健服务有密切关联，三者构建合作体制可以降低成本、提高效率。其次，被保险人是40岁以上中老年人，这是为了缓解代际负担不公平，减轻年轻一代社会保障费用负担。政府承担50%护理财政资金，中央政府、都道府县、市町村三级政府责任分担。最后，设置精细的护理等级评估体系，体现护理服务的公平性。本节将分析的重点放在护理保险制度结构，展现其制度的基本面貌。

一、中央、地方、基层三级政府的职责分工

市町村是护理保险运行的主体，建制当初对这样的制度设计有不少异议，因为各个市町村在人口规模、地理环境以及经济发展状况等方面上存在较大差距，尤其是基础条件比较差的市町村政府曾极力反对。但是，最终还是将市町村定位为护理保险的保险人，人口规模较小的市町村，可以组成地域联合共同体，实行协同运作。

关于中央政府与都道府县和市町村的三级政府责权划分，《护理保险法》有具体规范，保险人市町村主要责任是决定本地区保险费用征收标准和征收业务，根据全国统一规定具体决定本地区提供护理服务的项目，负责审定老年人护理级别并决定其享用服务的项目和负担费用标准。中央政府主要负责制度框架设定和护理政策制定、护理保险的给付标准与护理机构管理标准，都道府县政府虽不作为直接的保险人，但有责任辅助和监督市町村的管理和运作。都道府县设有护理保险财政安定化基金，对护理财政的支出可以进行地区间调剂和再分配，确保护理服务的资金供给、设备、人员等，

并保障为享用者提供充分的、有质量的护理服务。

三级政府的分工整理如下。

市町村是保险人，负责资格管理事务，具体包括九个方面：（1）被保险人资格审查以及资格丧失后的恢复，被保险人名单、住处管理和审核等；（2）保险费征收事务，决定第1号被保险人保险费率、保险费征收、保险费滞纳处分等；（3）对需要支援、护理级别的认定和评估，负责护理资格认定审查会的运作与管理；（4）审查和负责护理保险给付，实际上相关事务已委托国民健康医疗联合会操作，市町村具体负责对适老住宅改造等现金给付业务；（5）居家护理和福利保险有关事务，以及事业规划、机构设置和运作等事务；（6）制定审核并监督参与护理预防服务的供给机构；（7）制定市町村护理保险实施计划、负责居民调查等；（8）制定护理保险相关实施条例规则；（9）护理保险财务管理。

中央政府的主要职责包括五个方面：（1）国家层面上的制度设计和法规制定；（2）制定有关护理认定、给付的标准，以及制定参与护理供给服务的机构标准等；（3）承担由国家负责的护理财政出资以及财政安定化基金出资的责任；（4）为市町村制定各项指南和事业标准；（5）制定护理报酬支付标准以及准则。

都道府县的主要职责包括五个方面：（1）与市町村一起设置和运作护理认定审查会，并参与具体认定操作事务；（2）制定都道府县护理事业规划，并接受市町村有关制定计划的咨询；（3）制定护理机构服务标准，对护理机构进行监督检查，负责颁发护理机构营业证书以及开具违章处分等；（4）承担由都道府县负责的护理财政以及财政安定化基金出资的责任；（5）负责护理人才培养有关的考试、认定、登记、培训等。

二、护理保险财政

（一）护理保险财政结构

护理保险财政坚持两个基本原则：第一，各级政府共同出资，中央政府、都道府县、市町村三级政府构成责任共同体；第二，被保险人之间遵循互助共济原则，体现国民之间的互助和协作精神。图 4－2 显示了护理保险财政基本结构，筹资渠道来自中央和地方公共财政与个人、企业缴纳的保险费，属于税与保险费的混合财政形式。政府财政占总财源的 50％，由三级政府共同出资，其中，中央政府负担 25％、都道府县负担 12.5％、市町村负担 12.5％。另外的 50％财源来自被保险人缴纳的护理保险费。

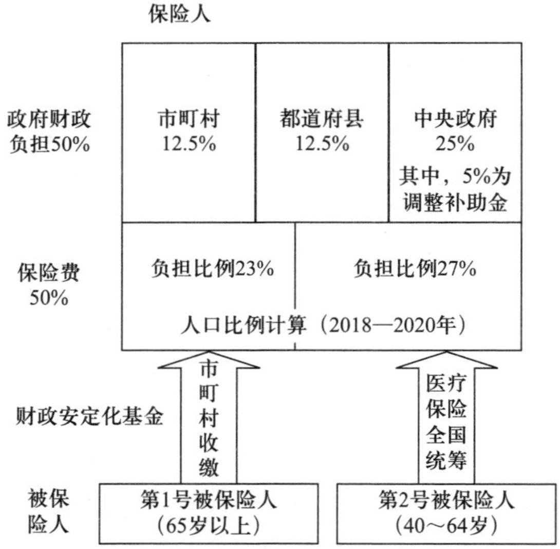

图 4－2　护理保险财政结构图

资料来源：根据厚生劳动省发布的“介護保険制度改革の概要：2019 年版”制作。

护理保险财政结构与年金、医疗保险不同，市町村基层政府是法定保险人，同时也是护理保险给付事务的执行人，又是护理保险财源的提供人，身兼三职承担重要职责。

被保险人分为 65 岁以上第 1 号被保险人与 40～64 岁第 2 号被保险人，两类人群承担护理保险费的比例根据总人口比例的变化而浮动。随着第 1 号被保险人口不断增长、第 2 号被保险人人口减少的趋势越发明显，65 岁以上第 1 号被保险人的负担比例逐年提高。第 1 号被保险人保险费征缴由市町村负责，都道府县成立财政安定化基金进行协调管理。第 2 号被保险人保险费征缴由医疗保险机构代为征收，实行全国统筹。

（二）护理保险财政用途

三级政府在对居家服务和机构服务的负担比例上有更为具体的分工。中央政府财政用于居家服务的给付占 20％、机构服务的给付占 25％，都道府县财政用于居家服务的给付占 12.5％、机构服务的给付占 17.5％，市町村财政用于居家服务的给付占 12.5％、机构服务的给付占 12.5％。

（三）调整补助金

调整补助金的资金构成是由中央政府负担的 25％财源中，预留 5％作为调整补助金，主要对 75 岁以上老年人口集中且经济发展滞后地区进行补贴。

市町村是护理保险的法定保险人，市町村在经济发展、人口规模、老龄化以及护理服务使用量等层面存在较大的差距。例如，偏远地区的山形县、秋田县、岛根县等地区老龄化率高而收入水平低，享受减免护理保险费人口比较多，难以确保护理保险财源稳定；大城市及其周边的市町村，在保证护理保险财政收支平衡的基础上可能还略有结余。由于基层政府之间在经济发展状况以及老龄化率问题上存在很大的差距，必然带来地区之间护理财政收支不均衡问题。为了保证护理保险缴费标准和利用服务的公平化，日本设置了调整补助金制度，通过护理财政的再分配，缩小平衡制度内部的不公平及地区间的差距。

调整补助金又分为普通调整和特殊调整两种形式。

1. 普通调整补助金

普通调整补助金主要用于保险费收入没有达到全国平均标准的市町村，对其产生的差额部分进行填补，通过这种调整，缩小地域之间的差距。例如，75 岁以上被保险人比例高以及低收入老年人比例高的地区，一方面使用护理服务的人多，护理费用支出高；另一方面低收入群体比较多、需要减免护理保险费的人多，导致出现缴费收入低的问题。各市町村的缴费标准是根据本地区三年间的护理费用总支出和被保险人数计算的人均缴费标准。类似这样的地区，缴费标准往往会高于全国平均标准。普通调整补助金主要用来补足与平均标准之间的差额部分，通过这种调整，缓解个人缴费之间的差距和市町村之间的差距。调整金具体分配方式见表 4 - 3 调整补助金示意表。

75 岁以上老年人比例低且收入水平高的市町村，调整比例最高不超过 3%；75 岁以上老年人比例以及收入为全国平均水平的市町村，调整比例最高不超过 5%；75 岁以上老年人比例高且收入水平低的市町村，调整比例可以提高到 11%以上。

具体计算方式为：

$$\begin{matrix}\text{各个市町村}\\\text{普通调整补助金}\end{matrix}=\begin{matrix}\text{该地区的}\\\text{标准给付额}\end{matrix}\times\begin{matrix}\text{普通补助金的}\\\text{调整比例}\end{matrix}$$

* 普通补助金的调整比例 ＝23%[①]－（18%×75岁以上老年人参保比例×不同缴费级别被保险人比例补正系数）

表 4－3　　调整补助金示意表

75岁以上老年人比例低且收入水平高的市町村	75岁以上老年人比例以及收入为全国平均水平的市町村	75岁以上老年人比例高且收入水平低市町村
第2号被保险人负担32%	第2号被保险人负担32%	第2号被保险人负担32%
第1号被保险人负担20%（实际仅达到15%）	第1号被保险人负担18%（实际仅达到13%）	第1号被保险人负担12%（实际仅达到7%）
调整补助金3%	调整补助金5%	调整补助金11%

资料来源：根据厚生劳动省发布的2020年“介護保険制度改革の概要”制作。

2. 特殊调整补助金

特殊调整补助金的财源是利用普通调整补助金结余的部分，对受灾地区进行一次性或者分期支付性补贴，主要通过减免个人的护理保险费和护理服务享用费的方式进行调整。使用调整补助金比例比较高的有山形县、秋田县、岩手县等经济发展滞后的地区。

调整补助金机制发挥了护理保险制度内部再分配的功效，对缩小市町村之间的保险费和服务费的差距起到很大作用。

（四）财政安定化基金

财政安定化基金的目的是维持护理保险财政收支平衡和资金分配公平稳定。它向护理给付费上升而保险费收入不足，导致护理保险财政出现大量赤字的市町村提供财政补贴或者借贷。基金的资金筹集由中央政府、都道府县从各自承担比例的护理财政出资中扣除，市町村则从收缴的保险费中扣除，三级政府各出资1/3，设置

① 2019年第1号被保险人负担比例23%。

主体和具体掌管是都道府县地方政府。

具体给付方式如表 4－4 所示。（1）补贴形式，护理保险计划三年进行一次修订，在护理保险计划的最后一年，如果收支不平衡、出现财政赤字，财政安定化基金将对收缴保险费差额的 1/2 给予补贴；（2）借贷形式，原则上是对保险费收缴不足部分给予部分供贷，护理服务费用支出超支过高导致的财政赤字部分给予全额借贷，偿还资金原则上作为今后护理保险费财源使用。

表 4－4　财政安定化基金给付方式

保险费收缴不足部分	护理服务费用超支部分
财政补贴＋借贷	借 贷

资料来源：根据厚生劳动省老健局发布的 2019 年“介護保険制度をめぐる状況について”制作。

三、个人缴费方式和标准

被保险人分为 65 岁以上第 1 号被保险人与 40～64 岁的第 2 号被保险人。第 1 号被保险人的保险费由本人负担；第 2 号被保险人的保险费由本人及其雇主共同负担，负担比例各自为 50％。第 1 号被保险人保险费的缴纳和管理由市町村负责、独立筹资；第 2 号被保险人保险费由国民健康保险组合负责、全国统筹。

在被保险人所承担的 50％的保险费中，第 1 号被保险人和第 2 号被保险人所负担的缴费比例不是固定的，会根据不同时期第 1 号和第 2 号被保险人所占人口比例进行精算，大约三年进行一次缴费标准的评定和调整。在 2000 年护理保险制度起步时，第 1 号被保险人总计为 2 165 万人，占被保险总人口的 17％，承担的保险费总量为 17％；第 2 号被保险人占被保险总人口的 33％，因此保险费总量占 33％。根据 2018 年的标准，第 1 号被保险人占被保险总人口的

23%，第 2 号被保险人占比为 27%，因此，第 1 号被保险人需要缴纳的保险费总量被定为 23%，第 2 号被保险人为 27%。随着人口老龄化的推进，第 1 号被保险人口将持续增长，所承担的保险费总量的比例也随之上升。

（一）第 1 号被保险人缴费标准与缴费方式

2000 年护理保险制度初创时期，第 1 号被保险人负担比例划分为五个阶梯，总收入上限设定在 200 万日元以上。但是从缴纳对象来看，享受减免保险费的收入处于第 1 到第 3 阶梯的被保险人占 75%，而能够按照标准定期缴纳者仅有 25%，第 1 号被保险人的护理保险费财源空洞化问题严重。能够确保财源的唯一办法是有经济负担能力者多缴，以此弥补财源的空洞化，维持护理保险制度的运转。表 4－5 显示了制度初创时期缴费标准负担结构，根据收入确定五个阶梯缴费标准，各阶梯的缴费根据标准金额上下浮动。年收入在 200 万日元以上者属于第 5 阶梯，缴费标准的计算方式是标准额×1.5，缴费金额最高，这一群体占第 1 号被保险人的 12%；第 4 阶梯缴费标准的计算方式是标准额×1.25，这一群体占第 1 号被保险人的 13%；第 3 阶梯缴费标准就是标准额，这一群体占第 1 号被保险人的 39%，因此它的缴费水平被视为缴费标准。第 1 阶梯缴费金额最低，这一群体多为低保收入家庭或者个人，收费计算方式是标准额×0.5。

表 4－5　　2000—2005 年护理保险制度初创时期缴费标准

收入区分	评估标准	计算方式	人口占比
第 1 阶梯	低保者、领取老年人福利年金者、被免除缴纳居民税家庭	标准额×0.5	约 2%
第 2 阶梯	被免除居民税家庭	标准额×0.75	34%
第 3 阶梯	本人被免除居民税	标准额×1	39%

续表

收入区分	评估标准	计算方式	人口占比
第 4 阶梯	本人缴纳居民税、总收入在 200 万日元以下	标准额×1.25	13%
第 5 阶梯	本人缴纳居民税、总收入在 200 万日元以上	标准额×1.5	12%

资料来源：根据厚生劳动省发布的 2020 年“政策について”制作。

随着 65 岁以上第 1 号被保险人口的快速增长，其所要承担的保险费也会不断上升，依靠年金维持生计的老年人，难以承受越来越沉重的护理保险费负担，拒绝缴纳和逃避缴纳现象已经成为众所关注的社会问题。为了减轻低收入被保险人缴费负担，同时保证护理保险有充足的财源，2006 年以及 2017 年日本曾经两次对缴费标准进行大幅度调整。

政策调整主要体现在三个方面。第一，将收入区分标准进一步细化，2006 年以后，将收入区分的五个阶梯扩大为九个阶梯，2017 年修订《护理保险法》后，再次将九个阶梯扩大为 16 个阶梯，根据经济收入严格计算个人的缴费标准，同时重新规定缴费标准，扩大征缴范围。从 2018 年 4 月开始，将第 1 号被保险人划分为 16 个阶梯型缴费标准，根据家庭以及个人总收入水平，缴纳不同水平的保险费；允许高收入阶层比较集中的市町村，在 16 个阶梯之上可以再增加特高收入群体的缴费标准。表 4－6 是东京都目黑区从 2018 年 4 月开始实施的新征收标准。目黑区内高中档住宅居多，高收入居民相对比较多，所以，目黑区在规定的 16 个阶梯之外，又增加了收入 2 000 万日元以上的第 17 阶梯征收标准。

表 4－6　　2018 年东京目黑区护理保险缴费标准　　单位：日元

收入区分	评估标准	计算方式	年度保险费	平均月额
第 1 阶梯	低保者、领取老年人福利年金者、被免除缴纳居民税家庭	标准额×0.45（之前为 0.50）	33 696（之前为 37 440）	2 808（之前为 3 120）

续表

收入区分	评估标准	计算方式	年度保险费	平均月额
第 2 阶梯	被免除居民税家庭，本人包括年金在内的总收入在 80 万日元以下	标准额×0.45（之前为 0.50）	33 696（之前为 37 440）	2 808（之前为 3 120）
第 3 阶梯	被免除居民税家庭，本人包括年金在内的总收入在 80 万～120 万	标准额×0.60	44 928	3 744
第 4 阶梯	被免除居民税家庭，本人包括年金在内的总收入在 120 万以上	标准额×0.70	52 416	4 368
第 5 阶梯	本人被免除居民税、家族成员纳税，本人包括年金在内的总收入在 80 万以下	标准额×0.85	63 648	5 304
第 6 阶梯	本人被免除居民税、家族成员纳税，本人包括年金在内的总收入在 80 万以上	标准额×1.00	74 880	6 240
第 7 阶梯	本人缴纳居民税、总收入在 120 万以下	标准额×1.10	82 368	6 864
第 8 阶梯	本人缴纳居民税、总收入在120 万～200 万	标准额×1.20	89 856	7 488
第 9 阶梯	本人缴纳居民税、总收入在 200 万～300 万	标准额×1.40	104 832	8 736
第 10 阶梯	本人缴纳居民税、总收入在 300 万～400 万	标准额×1.60	119 808	9 984
第 11 阶梯	本人缴纳居民税、总收入在 400 万～600 万	标准额×1.90	142 272	11 856
第 12 阶梯	本人缴纳居民税、总收入在 600 万～800 万	标准额×2.10	157 248	13 104
第 13 阶梯	本人缴纳居民税、总收入在 800 万～1 000 万	标准额×2.40	179 712	14 976
第 14 阶梯	本人缴纳居民税、总收入在 1 000 万～1 200 万	标准额×2.70	202 176	16 848
第 15 阶梯	本人缴纳居民税、总收入在 1 200 万～1 500 万	标准额×3.00	224 640	18 720

续表

收入区分	评估标准	计算方式	年度保险费	平均月额
第 16 阶梯	本人缴纳居民税、总收入在 1 500 万～2 000 万	标准额×3.30	247 104	20 592
第 17 阶梯	本人缴纳居民税、总收入在 2 000 万以上	标准额×3.60	269 568	22 464

资料来源：根据厚生劳动省老健局 2019 年 4 月发布的“第 7 期計画期間における介護保険の第 1 号保険料及びサービス見込み量等について”制作。

第二，提高缴费标准的收入上限，以增加中高收入阶层的缴费率。制度创建初期，将最高缴费标准的收入上限定为 200 万日元以上，这是中下阶层老年人的平均年金收入水平，目的是避免加重中高收入阶层的国民保险负担率。2005 年以后开始的政策调整，将最高缴费标准的收入上限从 200 万日元以上上升到 2 000 万日元以上，收入上限标准提高了 10 倍。护理政策取向从保护高纳税人的利益转向加重该阶层负担，名曰缩小老年人之间的贫富差距，实际是为了解决护理保险筹资困难问题。

第三，不断提高 65 岁以上第 1 号被保险人的缴费标准。舆论导向认为老年人是护理保险制度的受益者，老年人群体也应该承担更多的经济负担，以缓和代际负担不均衡问题。表 4－7 反映了第 1 号被保险人 2000—2020 年平均保险费增长的状况。2000 年每人每月的平均保险费为 2 911 日元，2020 年上升到 5 869 日元，20 年期间翻了一倍。护理保险费缴费标准原则上根据前三年保险费支出总额和参保人口计算，每三年对缴费标准进行一次调整，鉴于护理保险费用支出逐年上涨，第 1 号被保险人缴费标准也随之上升。

表 4-7　　2000—2020 年第 1 号被保险人平均保险费变化

	年度	第 1 号被保险人月均保险费标准（日元）
第 1 期	2000	2 911
	2001	
	2002	
第 2 期	2003	3 293
	2004	
	2005	
第 3 期	2006	4 090
	2007	
	2008	
第 4 期	2009	4 160
	2010	
	2011	
第 5 期	2012	4 972
	2013	
	2014	
第 6 期	2015	5 518
	2016	
	2017	
第 7 期	2018	5 869
	2019	
	2020	

资料来源：厚生労働省．介護給付と介護保険料の推移．2020.

近年来对第 1 号被保险人缴费标准政策调整显示了两个转变。一个转变是改变了由年轻一代为老年人买单的政策方向，强调老年人群体内部的互助共济，减轻年轻一代的负担。另一个转变是制度初创时期兼顾主要纳税人中高阶层的利益，护理保险费以及护理服务享用费负担的政策设计力图避免对中高阶层形成高负担。但是鉴于低收入老年人难以承担逐年上涨的护理保险费，护理保险费征收困难导致出现财源枯竭状况，政府为了减轻自身的财政负担比例，不得不加重有经济承受能力老年人的支付负担。

（二）第 2 号被保险人缴纳标准与方式

第 2 号被保险人以 40～64 岁为对象，保险费的征收和缴费计算方式与第 1 号被保险人不同。表 4－8 反映了 2017 年《护理保险法》修订之前，第 1 号和第 2 号被保险人保险费计算方式与缴纳标准的异同。

表 4－8　第 1 号和第 2 号被保险人的缴费方式

类型	保险费计算方式	缴纳标准
第 1 号被保险人	标准额×收入阶梯比例（每隔三年调整）	特别征收：年金每年额度在 18 万日元以上者，护理保险费从发放年金中直接扣除 普通征收：年金每年额度在 18 万日元以下者，已经超过 65 岁但还没有银行账号或者刚从其他社区转入新社区、居民手续还没有完结者，自己直接向护理保险账户转账或者到政府窗口缴费
第 2 号被保险人	总报酬比例（每年由医疗保险人进行调整）	与医疗保险一起征收。雇员和雇主折半负担。第 2 号被保险人年龄在 40～64 岁的配偶，不直接征收保险费；第 2 号被保险人缴付的护理保险费由医疗保险机构作为护理给付基金转付给市町村，作为市町村护理保险费的主要财源

资料来源：厚生労働省．介護給付と介護保険料の推移．2020.

第 2 号被保险人的保险费是雇员和雇主折半负担，保险费由所属医疗保险机构代理征收，采取社会统筹方式。制度改革之前，对第 2 号被保险人年龄在 40～64 岁的配偶不直接征收保险费，由社会统筹资金分担。第 2 号被保险人缴付的护理保险费以护理给付基金形式转付给市町村，作为市町村护理保险费的主要财源。再看第 1 号被保险人的费用征收，它由市町村负责，分为特别征收和普通征收两种，征收标准参照厚生劳动省规定的标准额上下浮动，每隔三年对征收标准进行调整。

2017年《护理保险法》修订之前保险费计算方式是：

$$\frac{\text{实际支付的}}{\text{护理总费用}}\times 28\%^{①}\div\text{第 2 号被保险人数}=\text{平均保险费}$$

采用保险费计算方式的基本原则是不与个人收入挂钩，不同医疗保险体系之间缴费标准因为人口结构等原因稍有差异，但同一医疗保险体系内的被保险人缴费标准统一。

但是根据2017年修订《护理保险法》新规定，第2号被保险人的缴费标准出现根本性变化。一是从2018年4月开始将以基本工资作为计算基数改为以总报酬比例作为计算基数，总报酬比例指包括基本工资以及奖金和其他收入在内的总收入。

《护理保险法》修订之后保险费计算方式是：

$$\text{个人保险费}=\text{个人总收入}\times\text{固定负担比例}\div 12$$

二是由不考虑个人收入高低，按照统一的定额缴纳改为与个人收入直接挂钩，体现多缴多得的再分配原则。第2号被保险人计算方式与缴纳标准的改革，其目的是扩大征收范围，确保护理保险财源，获得制度持续性的发展动力。

第三节　护理服务认定程序与服务内容

一、护理服务认定程序

根据《护理保险法》第7条规定，第1号被保险人凡因身体或者精神上的疾病以及残障，需要利用洗澡、排泄、进食等日常生活护理服务者，可以接受持续性的护理保险服务。对于不满65岁的第

① 28%为第2号被保险人负担比例，2019年下降到27%。

2号被保险人，经医生诊断确认患有早期阿尔兹海默症、脑血管疾患、肌肉萎缩性侧索硬化症等16种疾病，可以提前利用护理保险服务。

利用护理保险服务需要经过严格的审核认定，确认满足了享受保险服务的条件之后，才能够根据专家团队认定的护理标准，确定利用护理保险服务内容、服务时间以及给付标准。

（一）生活自立度评估

利用护理保险服务需要事先接受生活自立度评估以及条件审核，其审核流程大致有三个步骤。

1. 资格认定

接受护理服务或者接受什么项目的服务，必须通过专业机构以及医师的资格认定。认定标准全国统一，它根据护理服务的总量以及既定的标准决定客观的评估和认定指标。它需要个人到所在市町村护理服务窗口咨询、登记，然后接受生活自立程度基本项目的测试，测试通过以后方可递交护理服务资格认定申请书，接受专业机构的审核。具体的认定流程分为第一次审核认定和第二次审核评定。

2. 第一次认定

护理专业人员根据申请书对申请本人的身体状况进行调查，同时通过医院检查，由医生开出诊断书，根据以上护理专业人员和医生诊断，在特定的网站根据全国统一标准对申请者的身体状况进行第一次审核认定。

3. 第二次评定

第一次认定通过以后，将结果递交护理认定审查会，由护理认定审查会主持面对面的第二次评定。护理认定审查会一般由五名护理相关专业人员组成，如医生、护士、社会福利士、护理福利士、实务工作者等，审查会成员由市町村最高长官任命。护理认定审查会参考第一次认定结果，直接与申请者或者家属进行面对面交流，根据申请者的身体状况，从不同专业角度提议最适合申请者需求的护理级别以及接受护理服务的内容计划。为了抑制享用人口的总量，达到收支平衡，近年来不断严格第二次评定的认定标准。

（二）评定护理级别以及服务时间

护理级别可分自立、需要支援与需要护理三大类。其中，需要支援细分为需要支援 1 和需要支援 2 二个子级别。需要护理分为需要护理 1、需要护理 2、需要护理 3、需要护理 4 和需要护理 5 五个子级别（见图 4－3）。根据 2017 年新修订，2018 年实施的《护理保险法》规定，被排除在需要支援和需要护理级别之外但有需求的老年人，可以利用新设置的综合事业服务项目；需要支援以及需要护理 1 的老年人可以享受上门服务和日间服务等，但不能享受护理机构提供的服务。需要护理 2 及以上的老年人，根据认定时提出的计划方案，接受符合自身身体条件的服务项目，达不到需要护理 3 及以上，不能入住护理保险指定护理机构。

2017 年新修订的法律，在护理级别以及护理服务利用上有两点重要修正。第一，放宽了能够自立老年人享用护理服务的条件，这是为了缓和 75 岁以下身体状况和自立程度较好老年群体的不满，因为他们虽然缴纳高昂的护理费用，但又被排除在享用护理服务的对象之外。第二，控制和调整享用对象规模，将以往可以享用需要护理 1 的群体下降到成本较低的预防给付项目中，目的是避免资源浪费，减轻护理给付的财政压力。

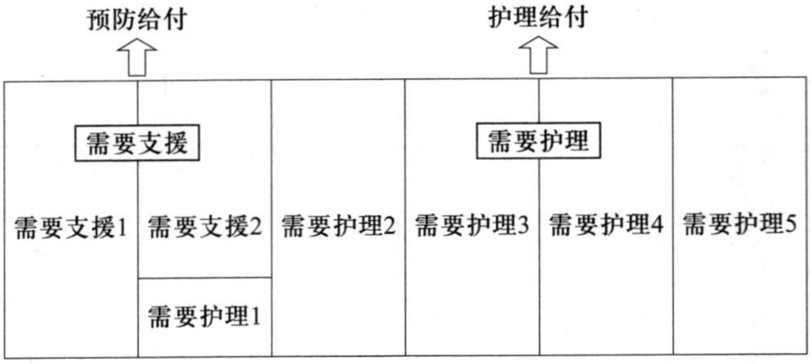

图 4－3　2017 年《护理保险法》修订法的修改重点

资料来源：根据厚生劳动省老健局发布的 2018 年“介護保险制度の仕組み”制作。

二、护理服务类型与护理服务内容

根据 2018 年实施的新修订的《护理保险法》，护理服务项目除原有的护理保险服务、护理预防服务之外，增设综合事业服务，其三大服务项目的具体服务内容如下所述。

（一）护理保险服务

机构服务主要指特别养护养老机构，老年人护理保健机构、护理疗养型医疗机构，以上三种属于法定的护理保险机构。

居家服务分为：（1）一般性居家服务，包括居家访问护理、访问看护、日间照顾、短期入住等；（2）社区密着型服务，包括定期巡回护理、医疗看护、小规模多功能居住型综合服务、夜间对应性访问护理、认知症对应性共同生活护理等。

（二）护理预防服务

护理预防服务包括两类，一是一般性护理预防服务，包括护理预防访问看护、日间护理预防康复、护理预防疗养管理指导等；二是社区密着型服务，包括护理预防小规模多功能居住型综合服务、护理预防认知症对应性日间护理等。

（三）综合事业服务

综合事业服务主要为那些被排除在需要支援和需要护理7个级别之外的老人，为他们提供综合型生活服务项目。它包括65岁以上所有老人都能享用的一般护理预防事业，包括访问型服务护理、日间利用型服务、其他生活支援服务等。

三、给付内容和个人负担

护理保险给付内容主要包括护理给付、预防给付、高额护理（预防）给付、特定入住者护理（预防）给付、高额医疗加算护理（预防）给付和市町村特别给付六种；此外，按服务地点划分又可分为居家服务给付、社区服务给付、机构服务给付三类。具体护理服务给付项目共有23种，以下对护理保险给付标准和护理给付实例加以介绍。

（一）护理保险给付和个人负担比例

护理保险给付原则上负担个人享用服务费用的90%，但根据2018年4月推出的新给付标准，高收入者个人负担最高达30%，进一步提高了高收入群体的个人负担比例。

表4-9显示了个人负担从不分经济收入高低平等负担10%，到提高高收入群体负担率到30%的变化过程。2014年度时，不问享用对象经济收入的高低，享用护理服务总费用的10%由个人负担，护理保险给付90%，给付标准全国统一。2014年修订的《护理保险法》开始关注个人经济收入，个人收入超出280万日元者，个人负担20%，护理保险给付80%；2017年再次修订《护理保险法》，决定在2014年设定的个人经济收入280万日元标准之上，再设定340万日元档次：收入超出340万日元以上者，护理保险给付比例降为

70%，个人负担提升为 30%。

表 4－9　　个人负担比例变化状况

2015 年 4 月以前	2015 年 4 月至 2018 年 3 月		2018 年 4 月以后	
	总收入	负担比例	总收入	负担比例
一律负担 10%	280 万日元以上	20%	340 万日元以上	30%
	280 万日元以下	10%	280 万～340 万日元	20%
			280 万日元以下	10%

资料来源：广井良典．社会保障［M］．京都：ミネルバ書房，2019：117.

提高高收入老年人的负担率，主要基于两个背景。其一，老年人群体之间的经济收入差距逐渐扩大；其二，护理财政压力与日俱增；其三，老年人再就业比率逐年增高，再就业老年人收入状况出现明显转变。

（二）高额护理（预防）给付

2018 年《护理保险法》推出了对高额负担者给予费用减免的高额护理（预防）给付制度，即个人负担金额超过一定限度后，超出部分由护理保险支付的封顶制度。

（三）享用机构服务的特别给付

入住机构老年人的饮食费和住宿费原则上个人负担，但对于低收入个人及家庭，其入住护理机构的饮食费和住宿费会通过特别护理保险给付给予减免；中高收入个人及家庭的护理服务费用超出规定上限的，超出部分也由护理保险提供特别给付。

享受特别给付需要符合以下条件。首先，入住护理保险指定机构才能够接受此项特别给付。被认定的护理机构有：特别养护老年机构；护理老年人保健机构；护理疗养型病床；护理医疗院；短期入住护理机构等。其次，根据个人以及家庭收入状况划分的三个阶梯，决定给付内容和给付标准。例如，低收入阶层的第 1 阶梯，个人支付饮食费每月上限为 9 000 日元，住宿费可以全免或者个人支付超出 20 000 日元以上部分由护理保险提供给付；第 2 阶梯多数是中产阶层，其个人支付饮食费每月上限 12 000 日元，住宿费 11 000～25 000 日元，超出部分由护理保险提供给付；第 3 阶梯则高收入阶层居多，个人支付饮食费每月上限为 20 000 日元，住宿费为 11 000～40 000 日元，超出部分由护理保险提供给付。最后，需要经过认定程序获得准许。

第四节　护理保险制度改革

《护理保险法》2000 年正式实施以来，历经了五次大幅度的修订。频繁修订法律的主要背景是护理保险费征收困难，护理保险财政出现严重收支不平衡。

一、2005 年修订《护理保险法》的背景与改革内容

护理保险制度运行 5 年之后的 2005 年，被认定需要护理老年人口从 2000 年的 218 万人增加到 411 万人，5 年间增加了 200 万人。2000 年实际享用护理服务人数仅有 149 万人，2005 年增加到 329 万人，服务机构也增加到 15.2 万家，从业人员达到 130 万人以上。

护理保险面临的主要问题是需要护理服务的人口增长迅速但服务总量不够，满足不了需求；护理保险支出总量增加过快，2000 年护理费用总支出为 3.6 万亿日元，2005 年增加到 6.8 万亿日元，增加近一倍。同时个人负担的保险费也随之增长，65 岁以上第 1 号被保险人的保险费，2000 年为 2 911 日元，2005 年增加到 3 293 日元，低收入老年人群体负担不起保险费，逃避缴费等问题突出。

2000年实施的《护理保险法》附则中明确规定，法律推行5年之后对实施绩效进行验证，根据需要进行法律修订。2005年根据法律附则规定对护理保险制度进行了全面的检验并对法律进行了修订。这次法律修订内容主要有三点。第一，将护理预防纳入政策视野，不仅提出护理预防评估指标，并设置护理预防专项财政。护理预防被定义为最大限度地防止或者延迟需要护理状态的发生，对已经进入护理状态的要避免进一步恶化，对轻度需要护理者提供护理预防服务。

自2000年护理保险制度实施到2005年期间，在认定需要护理的老年人中，增长幅度最大的不是需要护理4～5级，而是需要护理1～2级，即轻度需要护理者。而在认定的轻度需要护理者中，因跌倒、骨折、老年性疾病引发的综合病症导致生活自立困难者居多。根据当时的追踪调查发现，如果推进和普及护理预防体系，不仅会大大降低因跌倒、骨折等原因造成的综合病症率，还可以延缓和推迟进入重度需要护理状态的时间，减轻护理保险给付负担。推进护理预防政策是这次护理政策改革的亮点。具体改革措施体现在以下四个方面。

第一，创建社区护理综合服务中心，强化市町村政府的地位和作用。创建社区密着型服务项目和社区护理综合服务中心，扩大社区护理服务范围，构建高效率、低成本的服务供给体系。新开拓的社区服务项目和服务中心主要针对老年人患有阿尔兹海默病和重度需要护理老年人增加的变化，为他们提供既能够在熟悉的社区和居住环境中生活，又能够获得需要的咨询、中介以及居家服务。社区综合服务中心最重要的职能是连接和协调社区内的医疗护理资源，开拓和深化社区居家养老的环境。

综合服务中心以“社区生活圈”为基本构想，以服务方便、有利于自立生活为原则，以 2 万～3 万人为基数设置，鼓励社区内的医疗、护理、福利等服务机构积极参与，设置社区综合援助中心运营协议会进行协商管理。

第二，降低对养老机构的报酬给付标准并缩小给付范围，以减少享用居家服务和机构服务在给付水平上的不公平。按照 2000 年的标准，入住机构养老的老年人，其住宿费和饮食费只需负担 10%，其余的 90%由护理保险负担，从护理保险基金以报酬的形式支付给护理机构。但是，居家养老的情况下老人住宿和饮食都需要个人负担。这项改革将会缓解居家和机构养老因制度内部结构上的问题而出现的不公平现象。

第三，强化制度内再分配功能，减轻低收入老年群体的经济负担，增加高收入老年群体的支付标准。一是创设面向低收入老年人护理服务费以及护理保险费减免制度，对入住机构以及居家接受护理服务的低收入老年人群体，酌情减免护理服务享用费。二是提高了 65 岁以上第 1 号被保险人缴费标准，由于缴费标准设定偏高，无力缴纳或者滞纳护理保险费现象突出。为了减轻低收入群体缴费负担，降低了低收入群体的保险费；为了填补降费带来的赤字，提高了有经济负担能力的第 1 号被保险人的缴费标准。

第四，推进预防护理制度体系，新设需要支援 1 和需要支援 2 的认定标准。将现行的需要支援认定标准划分为需要支援 1 和需要支援 2 两个级别，同时将需要护理 1 的一部分认定内容放进需要支援2的认定标准中。同时，设定与其相对应的预防服务给付体系，包括预防性访问、预防性访问护理、短期入住护理、康复护理等15项内容。

2005年进行第一次法律修订的主要目的是抑制护理保险费用支出，确保财政收支平衡。护理保险财政问题早在制度创建时期已经成为争论的焦点，反对派的主要意见是，增设新的保险险种，无疑会加重被保险人缴纳保险费的负担，会出现低收入者滞纳、拒缴问题，从而影响护理保险收入。另外还提出，机构养老的社会成本高，否定家庭养老、推进机构养老会加重护理保险财政支出，难以预测护理需求以及护理保险财源的持续性，护理保险制度推行以后势必增加社会保障总体的财政负担。

护理保险制度经过5年运作，凸显出来的最大问题印证了反对派的推测。确保收支平衡，降低对护理机构的给付水平，强化保险费收缴机制，通过构建护理预防体系减轻护理财政压力成为2005年改革的重点。

二、2008年修订《护理保险法》的背景与改革内容

2008年日本对《护理保险法》进行第二次修订。这次法律修订的背景是提供居家服务的民间团体多领、冒领护理保险报酬等不法行为时有发生，严格居家服务行业规范，杜绝不法行为成为这次法律修订的重点。护理保险制度实施之后，护理服务业引入市场机制，积极吸引民间力量参与护理服务行业发展，为民间团体提供了发展空间。表4－10显示了2000年护理保险制度开始实施到2008年第二次法律修订期间，护理服务供给侧快速增长的状况。

表 4－10 2000—2008 年护理服务供给主体发展状况

年度	2000	2001	2002	2003	2004	2005	2006	2007	2008
事业所数量（家）	129 103	199 161	211 042	223 006	240 698	260 891	258 721	293 909	303 565

资料来源：E-Stat. 日本介護保険事業状況報告 . 2020. https：//www. e-stat. go. jp/stat-search/files? page＝1&layout＝datalist&toukei＝00450351&tstat＝000001031648&cycle＝8&tclass1＝000001113661>.

2000 年 4 月护理保险制度正式起步时，参与提供护理服务的单位有 12.91 万家，2008 年 4 月就增加到了 30.36 万家。由于提供护理服务的民间团体发展太快，对其进行审查的制度不健全，造成供给侧内部构成良莠不齐。在这一期间，向护理保险基金虚报服务量和服务人数，多领、冒领报酬等欺诈事件多有发生。最典型的是提供居家照顾服务的 comsn 公司。其公司是日本第一家首先开始提供 24 小时上门服务的公司，也是厚生劳动省推荐的模范服务公司。自护理保险制度实施以来，在短短的几年间就已经发展成日本最大的居家服务公司，其承担的服务量占全国居家服务总量的 5%。2007 年，由于其公司虚报人员配置和提供服务的总量，试图从护理保险基金那里获取更多的护理服务报酬，其行为严重违反了护理保险指定企业的基准法，厚生劳动省要求其退还多领取的护理服务报酬金，并责令退出护理服务行业。comsn 公司的倒闭，导致了 6.5 万需要护理服务的老年人成为“护理难民”，2.4 万名护理工作人员失业。

专家在分析问题发生的根本原因时提出，关键问题是政府所规定的护理服务报酬标准偏低，难以维持服务供给侧的基本运营，所以才会导致类似 comsn 这样的公司不得不虚报服务量，多领取护理服务报酬，维持公司运营。报酬价格过低等问题需要尽快改进。以 comsn 公司事件为契机，政府决定在 2008 年对《护理保险法》进行第二次修订，重点解决服务供给侧出现的种种问题。本次法律修订的重点有三个方面。

第一，强化对护理服务业监督管理体系的建设，要求护理服务团体在休整和关闭之前需要提前一个月申报，并要求在这一期间确保享用者能够找到替代性服务团体。

第二，赋予权力机构对违法营业者进行依法搜查的检察权。

第三，为了防止不法企业逃避经济责任，停业整顿以及倒闭、破产者，不仅要提前一个月到有关部门备案，还将酌情承担经济赔偿责任。

第二次的法律修订对整顿和规制服务供给侧的经营、服务质量、专业人员配置、违章处罚、监督机制等方面提出了一个比较完整的体系架构。

三、2011年修订《护理保险法》的主要内容

第三次法律修订的主要目的：一是进一步推进社区护理资源综合化利用，抑制护理保险费用的增长；二是解决护理人才不足的问题。具体修订内容有四个方面。

第一，创建集医疗、护理、康复等为一体、具备复合功能的社区综合护理机构并提供24小时服务。具体服务项目有定期巡视、24小时对应访问型服务、小规模多功能居住型综合服务、护理预防，日常生活支援服务等。

第二，解决护理人才不足问题，提高护理质量。重视在职护理人员的职业培训，在护理服务项目中增加吸痰等过去由医护人员提供的服务项目。部分护理预防保健和生活支援服务项目采取募集方式，吸引社区各种类型非营利团体参与，扩大服务范围。改善护理

行业的劳动环境，加强护理工作人员的劳动保护等。

第三，推进针对老年人阿尔兹海默病的对策，社区综合护理机构负责把握本区域的需求、制定实施计划、提供合理的援助服务。

第四，启动护理“财政安定化基金”，缓和护理保险财政面临的压力。财政安定化基金早在2000年就已经设置，设置基金的目的是预防今后出现护理保险财政赤字和地域之间保险费负担不均衡，是由各级政府提前储蓄的基金。2000—2011年，个人保险费负担越来越重，2000年每月平均缴费2 911日元，2011年增长到4 160日元。由于增长速度太快引起企业以及参保人个人的不满。决定启动储备的“财政安定化基金”，减少被保险人对护理保险制度的不满并预防逃避缴费现象发生。

本次的法律修订体现了对制度进行更全面检验并进行整体调整的特点。尤其是对出现护理财政赤字和地域之间保险费负担不均衡等问题，给予预防性制度安排。

四、2014年修订《护理保险法》的主要内容

在20世纪40年代末，即第一次生育高峰期出生的“团块世代”，将有800万人在2025年前后进入75岁，对老年人医疗和护理保险财政以及服务供给带来更大的压力。为了应对2025年的问题，2014年《护理保险法》修订的法律中特别强调，国家和地方政府有义务推动集医疗、护理、预防、生活援助等综合职能为一体的制度改革和基本机构建设。主体目标是2025年之前完成社区综合管理系统建设和全面投入使用。第四次法律修订内容主要有四个方面。

第一，推进《完善社区护理机构促进法》实施，进一步明确社区层面的医疗、护理机构的功能并合理配置，通过搭建社区医养结

合综合管理体系，实现资源运用的合理化、效率化。

第二，通过建设社区医养结合综合服务体系，实现费用负担公平化。减轻低收入被保险人保险费和享用服务负担的水平，提高中高收入被保险人保险费负担和服务负担水平，进一步强化制度内部的再分配。

第三，提出社区医疗构想计划，对高度急性期、急性期、恢复期、慢性病疗养病床进行合理化调整，一部分恢复期、慢性病疗养病床转移到社区居家医疗，以构建高效率、低成本的医养结合供给体制。

第四，将持有金融资产列入护理给付附加条件。在核算享用护理服务的个人负担率时，将储蓄等金融资产列入审核要件。对金融资产个人持有在1 000万日元以上、夫妇持有在2 000万日元以上的老年人，适度提高个人负担率。同时，从提高的消费税中，拨出一部分在各都道府县设立护理专项基金，用于支持医疗和护理行业的病床功能调整与合作，推动居家医疗和护理服务等。努力实现护理财政收支平衡和费用公平负担，提高服务质量依然是这一时期护理改革的重点。

五、2017年修订《护理保险法》的主要内容

2017年第五次修订、2018年4月1日开始实施的《护理保险法》，其改革内容体现在四个方面。

第一，提高高收入群体护理服务的负担比例。2014年修订的《护理保险法》，决定提高收入280万日元以上老年人的个人负担率，由10%提高到20%；此次法律修订将收入在340万日元以上高收入老年人的负担率提高到30%，收入在280万～340万日元的老年人负担率维持20%标准不变。

第二，新设护理医疗院，将长期疗养的日常医疗管理功能与日常生活照顾功能合为一体。护理服务报酬由护理保险提供给付，医疗服务报酬由医疗保险提供给付。

第三，创建共生型服务项目，将分立的护理保险与残疾人福利制度的服务项目统合到共生型服务中，实现资源共享、方便服务利用。

第四，改变40～64岁第2号被保险人保险费的计算方式。之前不同医疗保险组合收缴的第2号被保险人保险费，以各个医疗保险组合的参保人数为基准计算护理保险费总额。修订后，改变了以人数×平均缴费金额计算护理保险费总额的方式，改为以人数×参保人的总收入和相应的保险费率来计算的新方式。比如，以教师和医生为主要对象的医疗保险体系，平均收入比较高，但是缴费标准与平均收入比较低的中小企业等同，不能体现收入再分配功能。修订法律的目的是强化护理保险制度内部高收入人群经济所得向低收入人群的转移功能。根据上述计算方法，将有1 300万被保险人保险费会提高，1 700万人的保险费会降低。

可以说确保护理保险财政收入是本次法律修订的主要意图。自2011年针对护理保险财政收支平衡进行法律修订以来，护理保险财政问题始终是此后法律修订的重要议题，它与极力推进“小政府”的福利政治路线有关，更与入不敷出的护理保险财政有关。

第五节 护理保险制度的特征与绩效分析

一、护理保险制度特征

（一）嵌入契约理念

护理保险制度是在反思行政主导型社会福利制度出现的弊端而

创建的。因此它积极吸收契约福利的基本思路，将公共服务提供者和享用者放在一个平等互信的平台，通过护理保险制度营造的“准市场”，使提供者和享用者建立平等互信关系。而连接两者关系和给予制度性保障的就是“契约”。契约理念的实施改变了护理福利是由上至下的恩赐或者济贫的传统理念，将福利作为一种人人应该享受的权利给予定位。服务对象与服务提供者之间从不平等关系转向一种平等的契约关系。

契约型制度安排改变了政府决定服务项目、享用对象并进行包揽财政的方式，由服务提供者和老年人享用者在社会“准市场”机制内调节供需关系，自主安排服务项目和服务机构，服务机构和服务享用者通过签署契约的形式，履行双方的职责。护理保险制度推进的契约理念，对2000年以后日本社会福利制度改革产生了积极的影响，继《护理保险法》之后，日本相继修订《儿童福利法》《残疾人福利法》《母子妇女福利法》等，将尊重个人权利选择以及帮助生活自立作为具有普世意义的价值观推广。

（二）供给主体多元化

护理保险制度为民间团体参与护理服务行业竞争提供了制度保障。由护理保险财政制度和服务供给制度支撑的“准市场”经济，打破了以往由行政主导的政府福利供给体系，凡是具有法人资格的医疗法人、福利法人、企业、社区互助组织以及志愿者组织都可以参与，通过多主体参与和“准市场”竞争机制，优胜劣汰，保证服务质量，同时扩大了服务供给的总量，为扩大内需、实现良性循环打通了渠道。

（三）地方分权

市町村基层政府是护理保险制度运行的主体，它不仅扮演护理保险制度保险人的角色，同时还是护理服务的提供人和协调管理人。中央政府重点承担制度建设、协调财政收支平衡和监管，服务供给规划权、管理权等权力下放。都道府县是介于中央和基层政府的缓冲和协调、补充“地带”，它重点负责人才培养和组织建设以及协调护理财源等。市町村基层政府则在中央和地方政府搭建的护理财政和护理供给平台上，放心地从事护理保险制度的运行和服务供给工作。

（四）维持财政收支平衡

自制度推行以来，进行了多次认定标准和服务价格调整，其目的是抑制护理保险财政的快速增长、维持收支平衡。为了实现这一政策目标，曾采取了以下具体对策。

首先，为了维持护理保险费用的收支平衡，实行财政预算制度，即根据前三年的费用支出确定后三年的护理保险费率，维持收支平衡。其次，为了避免过度使用护理服务等现象出现，推行严格的需要护理认定制度，将护理认定划分为 7 个级别，根据护理财政收支状况，随时调整认定标准和认定规模，将服务总量控制在计划范围内。再次，根据认定级别设定个人利用服务总量，比如护理程度达到最高等级——需要护理 5 的老年人，其基本服务量为 3.62 万点，每点以 10 日元计算，超出服务总量的部分，酌情征收附加费用等，以维护护理保险制度的公平性。最后，推行护理经纪人专业资格制度，由护理经纪人具体安排和协调每位老年人使用服务的项目和总量，合理配置资源。

（五）重视护理预防

创设护理预防体系，提高全民的护理预防意识，延缓老年人生活自立功能下降趋势。护理预防服务中强调两个重点：第一是重视护理预防，提供诸多预防型护理服务项目，以减少发病率，同时针对被认定为需要护理 4 或者需要护理 5 的服务对象，加强康复训练服务，防止症状恶化和重度化；第二是设置需要支援评估认定标准，对这一群体通过提供增进身体和心理自立的预防性服务，提高其生活自理能力，以减少使用重度护理服务资源，降低护理服务的社会成本。此外，实施以阿尔茨海默病预防和护理为重点的“新桔色计划”，进行早期预防和专业化服务，将发病率控制在最低限度。

（六）提供非货币型保障

与德国和韩国推行的护理保险制度不同，日本护理福利制度不直接对享用对象提供现金给付，只提供非货币型服务给付。一般由享用对象选择服务供给机构的项目，服务供给机构根据其对享用对象提供的服务项目和服务量向护理保险机构申请服务报酬，经过审核之后，护理保险机构向护理服务机构支付服务报酬。为了客观公正地核算非货币型服务给付价格，设置了服务时间基准和服务量点数基准计算方法。例如，对于需要支援 1，提供居家服务时间限定在每日 32 分钟以内，需要支援 2 的时间为 50 分钟以内；对于需要护理 4 提供的居家服务时间限定在 110 分钟以内，需要护理 5 的时间为 110 分钟以上。对于主要利用机构服务的对象，主要采取点数计算服务量的方法，1 个点数按照 10 日元标准折合现金。比如，需要护理 4 每月服务给付费用为 308 060 日元，需要护理 5 为 360 650 日元。

二、绩效分析

（一）强化制度再分配功能，体现制度公平

护理保险制度出台之际，曾经强调不将经济收入作为计算保险费负担的标准，实行保险费和服务享用费统一标准。但是在2005年以后修订《护理保险法》的过程中看到，推进公平筹资和支付、保障各个群体利益始终是改革的主要议题。从2018年开始实施的新制度看，高收入老年人的保险费和服务费负担与低收入水平老年人相比，高出3～7倍，这与护理保险制度实施初期相比，出现了方向性改变。尽管强化制度内部再分配功能受到来自既得利益阶层反对，但是从政策绩效上看，护理保险制度中再分配功能的发挥，有效抑制了老年人群体之间贫富差距的扩大。同时，高收入阶层老年人对护理资源的贡献，降低了中青年群体的护理保险费用负担，缓解了代际负担不公平状况。因此，强化护理保险制度内部的再分配功能有利于保障各个阶层群体的利益，实现制度的公平化目标。

（二）整合资源，降低成本

护理对象认定率、护理保险费率和享用率，是决定护理保险成本的三个要素。降低护理保险成本，减轻护理保险财政压力需要使三项要素保持最佳状态。日本护理保险制度坚持每三年对三项要素进行全面核查，然后调整后三年的护理对象认定率、护理保险费率和享用率，并且坚持不断地对认定标准和认定级别进行改革，以期用最低的成本获得最高的服务质量和政策效率。

2010年以后护理保险制度改革以推进社区医疗、护理、康复综合服务一体化为重点，目的在于实现医疗、护理、康复资源的合理配置，并通过扩展居家养老实现低成本、高效率的政策目标。与德国与韩国护理保险供给服务相比，日本提供的服务质量高但它所付出的成本并不高，其中重要的原因就是不断进行调整，使制度运转达到最合理、最高效的状态。这也与它有良好的制度安排和具有专业人才有关。

（三）护理人才培养

1989 年实施《护理福利士法》之后，日本正式确立护理专业人才教育体系和护理福利士国家资格体系，推动有关老年护理专业化发展。护理服务特点是对人才素质要求比较高，因为它面对的是需要护理的高风险老年人，需要专业技能应对。同时，在护理服务运营成本中，人力成本占总体的 50％～60％，只有确保拥有优秀护理人才，才能够实现低成本、高服务质量的目标。因此，日本在对护理人才培养和人才待遇上出台诸多有关政策和法令。为了鼓励更多年轻人参与护理行业发展，日本加大对护理教育的投资，对选择护理福利专业的学生提供无须偿还的奖学金或奖学金贷款。截至 2019 年已经登记并获准的护理福利士达 226 283 人，对护理专业化发展发挥了重要作用。为吸引离开护理行业的专业人员回归队伍，推出护理岗位离职人员复岗津贴以及职业培训等优惠政策。接受护理专业教育所产生费用的 76％，由各级政府出资负担。同时，提高护理行业在职人员的工资待遇和晋升制度，如果家中有需要护理的老年人，还可以享有带薪护理休假等。

以上举措对护理教育投资、持续不断地向养老护理行业输送护理专业人才，对推动护理福利政策的落地以及专业技能的创新发挥了积极作用。

参考文献

［1］一番瀬ケ康子．护理福利学［M］．沈洁，等译．北京：中国社会出版社，2009.

［2］大森彌，山崎史郎，等．介護保険制度史：基本構想から法施行まで［M］．东京：东洋经济新报社，2019.

［3］堤修三．介護保険の意味論—制度の本質から介護保険のこれからを考える［M］．东京：中央法規出版社，2010.

［4］権丈善一．医療介護の一体改革と財政：再分配政策の政治経済学Ⅵ［M］．东京：东京慶應義塾大学出版社，2016.

［5］社会福祉士養成講座編集委員会．高齢者に対する支援と介護保険制度（第6版）［M］．东京：中央法規出版社，2019.

［6］池上直己．日本の医療と介護 歴史と構造、そして改革の方向性［M］．东京：日本経済新聞出版社，2017.

［7］真野俊樹．医療危機—高齢社会とイノベーション［M］．东京：中央公論新社，2017.

第五章

社会救助制度

社会救助制度在日本通称为生活保护制度，这是日本基于《宪法》第25条所规定的保障“所有国民拥有健康且文明地享有最低限度生活水平的权利”而确立的一项社会制度。第二次世界大战结束以后，为了解决战争遗留下来的贫困、军属及战争孤儿的抚恤问题，在美国占领军的指导之下，日本曾颁布《生活保护法》。美国占领军撤退以后，日本于1950年对该法进行大幅度修改后重新颁布，通常称它为（新）《生活保护法》。新法修改的内容主要有三点。第一，明确了设立生活保护制度的目的是保护国民生存权，并将保护生存权的内容进行了具体化和实质化。第二，明确了国家对国民生存权予以保护的责任，设置社会福利事务所，负责社会救助的具体实施。第三，在原有五项救助项目即生活救助、医疗救助、生育救助、失业救助、丧葬救助之外，又增加了教育救助、住宅救助两项。新法的实施推动了社会救助以解决战争遗留问题为目的转向以保障国民最低生活为目的的政策转型，为20世纪60年代实现全民“皆年金、皆医疗”保障奠定了理论和实践的基础。

1950年颁布、1951年实施的《生活保护法》是社会救助制度最主要的法律依据，它重点体现了国家责任，被定位为由国家财政负担的一项社会保障制度。其确立的基本原则一直沿袭至今。但是，随着日本社会转型，社会结构和贫困问题出现诸多新的变化，2013 年国会通过了有关社会救助的新法案《生活穷困者自立支援法》，目的在于应对贫困状态的新变化，构建预防型社会救助体系。这是自 1950 年颁布《生活保护法》以后，第一次对社会救助的法律体系进行结构性改革。它标志着日本社会救助进入了《生活保护法》与《生活穷困者自立支援法》的两法互补时代。

第一节　社会救助制度发展过程

1950 年颁布的（新）《生活保护法》，标志着日本战败以后开始了以民主体制为基础的社会救助制度建设。从 20 世纪 50 年代初期起步到现在，经历了 70 多年的岁月，其发展过程可以归纳为以下五个阶段。

一、第一阶段：从“绝对贫困”转向“相对贫困”①

20 世纪五六十年代，日本社会绝对贫困群体逐渐减少，相对贫困问题开始显露。

第二次世界大战后的一段时期，日本面临的最大社会问题是“社会性贫困”，当时流行的一句话是“饥饿的日本社会”，绝对贫困人口剧增，饥饿成为一个普遍的社会问题。据 1956 年日本政府在《厚生白皮书》中发表的数据，低收入阶层占据比例大，约 192 万户、972 万人，占总人口的 10%。低收入阶层指在贫困线边缘徘徊的群体，虽然还没有陷入绝对贫困的状态，但是，稍有不测随时有

① 本部分有关阶段划分的理论参考田多英范 2018 年编写的《厚生労働白書を読む—社会問題の変遷》。

陷入贫困的风险。

低收入阶层大致分为三种类型，第一类是具有劳动能力的临时工、农民工，由于工资低以及收入不稳定容易陷入贫困状态；第二类是因病致贫；第三类是以（母子）单亲家庭、老年人、残疾人等为主，缺乏劳动能力的弱势群体。针对第一类人群具有劳动能力、但经济收入不足以维持生计的问题，日本重点从就业保障入手，制定最低工资制度，鼓励企业扩大正式雇佣规模，以从根本上解决生计问题。针对第二类人群的救助，日本从创建医疗保障制度入手，1958 年颁布新《国民健康保险法》，明确国家对国民基本健康医疗予以保障的方针，并规定对低收入阶层的医疗费用予以减免。针对第三类人群的救助，主要采取提供救助津贴以及居住等实物救助的方式，从经济收入上予以保障。为了制度化解决第三类人群的生活保障问题，日本推行的国民年金制度中，专门设定了针对 70 岁以上老年人和（母子）单亲家庭的福利年金制度，保障其基本经济收入。推行福利年金制度的积极意义在于，通过年金制度保障，对贫困的发生进行事前预防。

可以看出，第二次世界大战后，日本社会保障制度建立的过程是首先从解决最低生活保障入手，其次解决因病致贫、健康保障问题，最后建立国民年金制度，解决年老后生活保障问题。

20 世纪 60 年代以后，日本国民生产总值持续上升，实现了经济实力成为世界第二的目标。20 世纪 50 年代出现的贫困群体扩大的问题已经基本解决，对贫困的认识和观念出现新的变化，逐渐从绝对贫困向相对贫困倾斜。本着国富民富的精神，这一时期政策重点之一就是提高社会救助标准。首先改变了计算贫困标准的测量方法，将应对绝对贫困的市场菜篮子计算法改变为应对缩小社会成员之间经济收入差距的恩格尔系数法，测量方法的改变使社会救助支付标准提高了18%。同时，将疾病患者的疗养费即医疗救助支付比例从50%提高到70%，针对贫困老年人经济收入低的问题，增设了老龄加算制度，即在福利年金的基础上附加老年人津贴。针对（母子）单亲家庭的问题，制定儿童抚养津贴制度，对单亲家庭儿童提供专项津贴。1963年颁布《老人福利法》，1964年颁布《母子福利法》，1969年颁布《寡妇福利资金借贷条例》，通过健全社会保障制度，解决弱势贫困群体与一般家庭在经济收入和生活水平上的差距。

这一时期是构建社会救助制度的重要时期，出现了三个方面的重要变化。首先，制度安排从事后贫困救助转向事前贫困预防。其次，社会救助的基本观念从绝对贫困转向相对贫困，政策取向以缩小国民之间在生活水平以及经济收入上的差距为目标。第三，贫困救助制度与年金保险、医疗保险、社会福利制度的对策相互衔接，全方位编织生活保障安全网。

二、第二阶段：从重视“经济收入保障”转向“援助生活自立”

20世纪70年代以后，社会救助出现了两个明显的变化。一是救助对象的变化。第一种类型具有劳动能力但经济收入不稳定而导致的贫困基本解决，救助对象集中在第二种、第三种类型，即老年人家庭、单亲家庭、残疾人家庭、病患者家庭等，几乎占救助对象的90%。二是20世纪60年代以后，日本不断提高救助标准，使被救助家庭的基本经济收入得到一定保障，但是，因生活问题产生的需求增加。比如，老年人和残疾人家庭，经济收入保障并不能消除导致贫困的根源，由于家中有需要护理照顾的老人或者残疾人，家人不得不中断工作返回家庭承担护理工作，从而导致家庭生活陷入困境的事例逐渐增多。

为了应对救助对象出现的上述变化，政策进行了以下的调整。第一，调整了对救助对象的审核标准，比如，允许救助对象持有一定资产，放宽父母和子女经济收入计算标准。第二，对有护理需求的贫困家庭增设了家庭护理津贴以及护理救助服务项目等，解决生活照顾层面上的困难。此外，救助对象变化带来的另一个问题是社会救助的长期化。对有劳动能力者的救助原则是帮助回归劳动市场，对他们提供的救助周期相对比较短，而且周期可以预测。而对于回归劳动市场困难的对象，如何确立新的政策目标是面临的新问题。

在上述背景之下，自立概念开始“登场”并获得各界支持。对自立概念的解释包含三个方面。首先，救助对象应本着自立、自助精神，依靠自己和家庭的力量解决困难。其次，这一时期不正当领取社会救助金的问题多有发生，对这一社会现象，强调救助制度以促进个人和家庭的生活自立为基本理念，对不能自立的人群分重点给予生活救助。最后，对社会救助测定标准和方法进行改革。20 世纪 80 年代初，针对社会救助标准的合理性曾进行大量的实证调查和研究。20 世纪 60 年代曾经以恩格尔系数法替代了市场菜篮子计算法，使它在测定相对贫困以及缩小贫困家庭与中等生活水平家庭之间的经济收入差距问题上起到了积极作用。在采用恩格尔系数法测定救助标准期间，被救助家庭的生活水平达到一般中等家庭的 60％

以上。但是调查发现，仅以收入作为贫困的测定尺度，不能反映居民在生活资源消费上的能力差异，难以把握不同类型家庭的实际生活水平和生活质量。在被救助家庭形态多样化、需求多样化背景之下，恩格尔系数法具有一定的局限性。为了更准确、公平地选择社会救助测定标准，1984 年日本采用水平均衡计算法。此方法的目的是使救助标准的浮动费率与一般中等自立家庭生活消费支出的增长率同步。它主要根据个人消费的增长部分进行测定，以这种方式进行测定的救助标准相当于中等自立家庭人均消费支出的 70% 左右。①

三、第三阶段：缩小社会救助规模②

20 世纪 90 年代以后日本泡沫经济全面崩溃，经济停滞，大量中小企业破产，失业率持续上升。20 世纪 70 年代平均完全失业率仅有 1%，80 年代增加到 2%、90 年代上升到 4%。但是，20 世纪 90 年代救助率和救助家庭数反而最低，救助率停留在 7.0 左右，被救助家庭停留在 585 972 户。20 世纪 70 年代以后，经济快速增长，国民生活水平普遍提高，这一时期救助率和被救助家庭的确出现了下降趋势。此后在世界经济危机冲击之下，救助率和被救助家庭户数又一次出现快速增长，1982 年颁布《老人保健法》，通过提供老年人健康保健和护理服务等政策调整，老年人生活照料需求得以一定满足，这对降低贫困率起到了积极作用。20 世纪 90 年代，正是日本经济成长走向低谷时期，出现大量企业破产以及失业率上升的

① 焦培欣．我国小康社会生活救助标准研究——日本水准均衡方式的借鉴［J］．中国行政管理，2019（5）．

② 本部分有关阶段划分的理论参考田多英范 2018 年编写的《厚生労働白書を読む—社会問題の変遷》。

现象，这一时期几乎没有出台新的应对贫困问题的政策。按照一般规律这个时期社会救助率应该继续上升，但是却出现了持续性的最低水平。学者们认为主要原因在于经济发展的低迷，给社会保障财政支出带来压力。同时，少子老龄化问题成为社会关注的焦点，日本不得不将有限的社会保障财政转向少儿群体和老年人，牺牲了社会救助群体。到了2005年以后，被忽视的问题开始爆发，救助率与被救助家庭快速上升，救助率上升到13.8。

四、第四阶段：贫困状态变化与应对

从20世纪80年代中期到21世纪初期，这一时期被称为“失去的20年”或者“停滞的20年”。主要表现为经济发展出现负增长，对社会也带来了负面影响。具体表现在企业终身雇佣体制解体，更多企业采取合同工、临时工方式雇用进入劳动市场的新生劳动力，使非正规就业者快速增长。在社会救助层面上的变化是由于雇佣体制的变化，诸多大中专毕业的年轻劳动力找不到稳定的工作，导致二三十岁的年轻人由于没有固定经济收入而陷入贫困的人数激增。同时，由于社会发展有太多的消极因素，这一时期成长起来的年轻人对参与社会劳动以及社会活动缺乏欲望。另外，雇佣体制变化也影响到家庭生活，在这一时期，中年失业被迫离家出走者增加，引发了诸多社会问题。根据《厚生白皮书》统计，2000年无家可归的街头流浪者超过了2万多人，政府紧急拨出临时预算9亿日元，应对这两万多街头流浪者。为应对中青年贫困者收入不稳定、失去住所等问题，2009年日本颁布了《培训与生活援助支付》《紧急发放住房津贴》等政策，对参加职业培训期间的贫困者发放基本生活费用以及住房津贴。

针对贫困状态出现的新变化，社会救助政策目标进行了很大的调整。其政策重点放在促进就业和个人自立上。20 世纪 90 年代，日本救助率和救助家庭明显降低，从 2000 年以后，政策方向开始调整，救助率明显上升，到了 2010 年救助率突破了 1.47%，救助人口突破 186 万人，似乎又回到了 20 世纪 50 年代的水平。但是救助的内容有了实质性的变化。

2008 年，政府对社会救助制度的功能转换提出三点意见。第一，社会救助标准的科学性、合理性。根据不同时代的经济文化发展水平，要兼顾国民意识和国民的公平感，综合考虑社会救助标准。规定每五年对社会救助标准进行一次评定和调整。第二，公平、公正地执行社会救助制度，严防滥用或者遗漏现象发生。第三，坚持自立援助的基本方针，根据不同需求，设定多种形式的就业援助计划。

五、第五阶段：强化贫困预防机制

2013 年 5 月，日本国会通过了有关社会救助的新法案《生活穷困者自立支援法》，此法于 2015 年 4 月开始实施。这是自 1950 年颁布《生活保护法》以后第一次对社会救助的法律体系进行结构性改革。这项法案规定的救助对象是尚未接受《生活保护法》所规定的救助之前，就由于各种不得已的原因陷入贫困状态者，该法将对其进行预防性救助，促使他们在短时间内实现生活自立。《生活穷困者自立支援法》出台的背景是贫困人口规模扩大以及贫困人口年轻化，同时（母子）单亲家庭的“母贫儿贫”等贫困的连锁反应问题已经成为备受关注的社会问题。

为了应对成熟社会面临的新变化以及传统的贫困问题，日本社会救助进入了《生活保护法》与《生活穷困者自立支援法》的两法互补时代。

第二节　社会救助法制与制度结构

一、社会救助的基本法《生活保护法》

（一）社会救助的基本原则

《生活保护法》以日本宪法所规定的要保障“所有国民拥有健康且文明地享有最低限度生活水平的权利”为基本理念，始终遵循以下四项基本原则。

1. 国家责任原则

《生活保护法》第 1 条明确规定，国家有责任扶持贫困者走向生活自立，并对其最低限度生活水平予以保障。

2. 平等原则

《生活保护法》第 2 条规定，遵循平等原则，不问社会身份、有无劳动能力、性别以及其他任何原因，只要是经济陷入贫困状态，无条件给予经济性的或者实物性的社会救助。

3. 健康且文明地享有最低限度生活水平的原则

《生活保护法》第 3 条规定，最低生活保障是指要维持健康且文明地享有最低限度的生活水平，即不能仅仅停留在维持生存现状的最低生活水平。

4. 补充性原则

《生活保护法》第 4 条规定，要对贫困者的劳动能力以及持有的资产和地产等进行调查和评估，只对不足以维持最低限度生活水平部分进行救助。

（二）《生活保护法》修改动向

《生活保护法》自 1950 年全面修订并颁布实施之后，根据时代发展需求于 1995 年、1998 年、2000 年以及 2005 年多次进行修订。最近的修订则是在 2013 年和 2018 年，这两次法律修订对推动社会救助制度的结构性改革起到关键性作用。

1.2013 年法律修订的基本内容

2013 年法律修订的重要背景是当年被救助人口突破 215 万人，创下了有史以来的最高纪录。如何减少救助人口、从根本上解决贫困人口迅速增长成为关注的焦点。这次法律修订的主要目的是实现社会救助制度的合理性、公平性，推动制度的结构性改革。此外，法律修订的另一个背景是配合新出台的《生活穷困者自立支援法》，厘清两法之间的互补关系。修订的主要内容包括以下四个方面。

（1）创立就业自立支付金制度。在领取政府生活救助费期间，如果临时就业并且获得一定收入的情况下，将减少其领取的救助费。为激励被救助者的劳动积极性，就业自立支付金制度将被减少的这部分救助费交由地方政府保管并存入个人账户。当被救助者真正摆脱贫困、不再需要接受社会救助的时候，被保管的救助费将部分或者全额再归还于本人。每月存入个人账户的金额不得超过劳动收入的 30％，最终归还给个人的总额不超过 10 万日元。

（2）推进以生活自立为前提的贫困救助。针对新增贫困人口中不少是有劳动能力的年轻人这一特殊现象，从 2005 年开始，日本启动了旨在帮助生活贫困者走向自立的援助项目。2009 年以后进一步强化了这些措施，并与社会福利支援、职业介绍支援等措施互相配合，共同建设促进贫困者就业、走向生活自立的平台。具体措施是将生活保护内容与职业训练、再就业过程中的生活费救助、住宅救助结合起来，同时利用民间职业介绍所、民间非营利组织等多方力量，为贫困者早日就业自立提供全方位的支援。同时规定上述业务由社会福利事务所统筹承办。

(3) 加强对被救助者的健康管理和家计支出的管理。社会福利事务所配备专职人员，建立被救助者健康档案，对其提供健康管理、健康咨询、生活费用使用计划指导等服务。同时调整医疗救助指定医院和指定医生的安排，控制不必要的医药支出，减轻日益增长的医疗救助费用负担。

(4) 处罚不正当领取生活救助费行为，挽回国民信任。法律赋予各地方自治政府调查权限，可针对已领取生活救助费的人开展就业、赡养或抚养状况及个人健康状态等调查。明确了对不正当领取生活救助费者的具体罚则条例：被发现有不正当领取行为的处三年以下有期徒刑，罚款金额从现行的 30 万日元（约为 1.8 万元人民币）以下提高至 100 万日元（约为 6 万元人民币）以下。修订的法案还规定，领取生活救助的人有义务提交本人资产、收入及家庭赡养或抚养状况等书面材料。

2. 2018 年法律修订的基本内容

2018 年对《生活保护法》再次进行修订，修订的主要内容是对不同对象的社会救助标准进行调整，救助对象和救助费用使用由倾向中老年人转向儿童和年轻人，即将救助重点逐渐转移到解决劳动力人口不足和提高劳动力素质问题上，提出向未来投资的基本思路。

2018 年改革的重点是提高贫困儿童和单亲家庭的救助标准。首先，将儿童养育津贴发放年限从中学毕业提高到高中毕业为止；其次，提高教育救助标准，对贫困儿童课外活动的救助费从每年救助61 800日元提高到83 000日元，入学准备金从每年救助63 200日元提高到86 000日元；最后，提高了贫困中学生购买校服的服装费标准，提高了贫困高考生的大学考试报名费标准等。在提高贫困家庭儿童救助标准的同时，降低了其他年龄段以及老年人家庭的救助标准。

二、《生活穷困者自立支援法》

2013年5月，日本国会通过上述《生活保护法》修订法案的同时，又通过了有关社会救助的新法案——《生活穷困者自立支援法》，此法于2015年4月开始实施。这项法案的重点是进行预防性救助。法律的目的是通过社区网络和行政干预，对即将陷入贫困状态者提供咨询、生活援助以及教育救助等，使他们重返职场，走向生活自立。《生活穷困者自立支援法》规定的援助事业有六个方面。

（一）咨询事业

在各级行政机构设置咨询窗口，并设有主任咨询支援员、咨询支援员、就业支援员等专门职务，应对贫困者的咨询需求。

（二）提供住房救助金

地方自治体要为由于失业、疾病等原因，失去了原有住所或者无经济租赁住房者提供住房救助金。具体要求和举措包含下述几方面。（1）救助对象：失业2年以内，65岁以下者；（2）单身者月收入13.8万日元以下，夫妇或者父子家庭收入17.2万以下；（3）每月参加就业咨询2次以上，参加再就业训练4次以上；（4）支援救助上限金额：单身53 700日元，家庭69 800日元；（5）支付期限：原则3个月，最长不超过9个月。接受此项救助，实现再就业的比例为 56.4%。

（三）职业训练支援事业

这是一项以实现再就业为最终目的的支援事业。自立生活援助的具体步骤包含四点：实现日常生活自立支援、参加社会活动支援、职业训练支援、实现再就业。职业训练支援起到承上启下的作用，职业训练的时间一般在 6 个月，不超过 1 年。

（四）家计咨询事业

家计咨询事业是对有一定资产收入的家庭或者个人，因经营事业破产或者家计经营受挫而陷入困境者提供各种咨询，协助制定再创业以及申请创业贷款计划等，促进早日恢复自立生活。

（五）生活穷困家庭儿童支援事业

对生活穷困家庭儿童提供学习、参加各种课外活动援助，预防孩子中断学业。

（六）临时性生活支援事业

对由于意外失去住房或者工作的人提供临时性衣、食、住条件，并协助其再就业，实现生活自立。

《生活穷困者自立支援法》重点放在贫困预防事业上，该法的实施弥补了《生活保护法》在贫困预防功能上的不足，使更多的人在陷入贫困接受社会救助之前，通过预防性生活自立支援，避免陷入长期贫困状态。

三、社会救助的内容与实施方法

（一）社会救助的经办原则

1. 自我申请原则

《生活保护法》第 7 条规定，每个国民均有申请社会救助的权利，但是，接受保护以本人以及家属提出申请为基本原则。如果本人无法或无能力行使申请权且情况紧迫的状况下，可免除申请环节，直接对贫困者行使“职权保护”。

2. 遵循救助标准原则

《生活保护法》第 8 条规定，具体实施社会救助时，必须依照厚生劳动大臣确定的最低生活保障基准，既不能降低标准，也不能超过标准，以保持制度的公平性。

3. 及时应对原则

《生活保护法》第 9 条规定，根据保护对象的年龄、性别、健康状况等，适时且迅速采取保护措施，避免形而上学和官僚主义现象发生。

4. 以家庭为单位原则

《生活保护法》第 10 条规定，社会救助可以以家庭为单位的，不以个人为单位。资产调查和审核原则上以家庭为单位，特殊情况下可以以个人为单位，通过“家庭分割”进行特殊处理。

（二）社会救助的内容

依据《生活保护法》的规定，社会救助内容具体分为八种。

1. 生活救助

生活救助是主要针对有关基本生活的衣、食、住、行等方面的救助。其中又分为第一类和第二类费用：第一类费用为个人经费、食品费、被服费等；第二类费用包括家庭成员共同使用费用，如水电气费、家具费等，还包括冬季取暖费。此外，对于住院和入住养老院者有特殊的日用品费和养老院基本生活费。各种附加费用比较复杂，包括八项，如对孕妇产妇、残障者、公害残障者、儿童养育者、单亲家庭等另有追加救助费用。

2. 住宅救助

住宅救助可以提供租用住房或者住房修理以及涉及土地问题所需要的费用，原则上以提供现金救助为主。如果利用生活保护福利机构提供的居住场所，则以实物救助为主。

3. 教育救助

贫困家庭子女在接受义务教育时，为其子女提供教材、必要的学习用品以及学校午餐等费用。原则上以提供现金救助为主。

4. 医疗救助

医疗救助可以提供药品、治疗、手术、住院以及居家看护等实物救助，委托指定的医疗救助机构或者医疗机构实施。

5. 护理救助

护理救助可以对经过护理等级评定确认需要提供护理以及生活支援的贫困者提供居家护理、福利用具、住宅改建、机构护理、预防护理等服务。原则上提供实物救助，救助对象分为45～65岁以及65岁以上两类贫困者，具体实施方法，需参照《护理保险法》实施细则。

6. 生育救助

生育救助可以对贫困女性分娩前后所需要的最低限度的医疗服务和医药提供救助。原则上以提供现金救助为主。

7. 创业救助

创业救助可以提供在自主创业时所需的资金、器材费用和无息贷款，提供就业技能训练以及进入职业高中所需要的教育费用等。原则上创业救助以提供现金救助为主。

8. 丧葬救助

丧葬救助可以为贫困户在家人去世、需要举行葬礼时提供资金救助。

除此之外，对于接受社会救助家庭的劳动收入还有各种减免税收的优惠。最低生活费的支付方式分为按月支付和一次性或者临时支付。生活救助、住宅救助、教育救助、医疗救助、护理救助实施按月支付，其余的三项实施一次性支付以及临时支付。其中医疗救助与护理救助多为通过提供服务或者实物支付。

第三节　社会救助标准与实施状况

一、社会救助标准计算方法改革

社会救助标准计算方法不仅决定社会救助对象的规模，还直接体现了国家对国民生活保障水平和社会保障制度的基本目标。因此自 1946 年颁布（旧）《生活保护法》，1950 年重新颁布（新）《生活保护法》以来，日本政府针对国民生活改善、消费水平以及被救助对象的需求，对社会救助标准的计算方法进行了多次改革。从时间顺序上看，大致经历了以下四个阶段的改革过程。

（一）标准生活费计算法（1946—1947 年）

第二次世界大战之后的日本贫困人口急剧上升，为了解决大规模的贫困人口问题，1946 年在美国占领军的指导下，日本颁布（旧）《生活保护法》。根据当时的社会状况以及生活水平，法律规定使用标准生活费计算法来测定最低生活费标准。

计算标准生活水平包括两项指标。一是依据基本生活费指数，按照标准家庭实际生活消费支出的内容计算，包括实际生活费和经验生活费两种，即不仅仅计算消费的金额和价格，还要兼顾消费支出的构成等因素。二是依据理论生活费标准，即在包括营养学、生理学、医学、经济学等在内的理论指导下，对劳动和生活进行科学测量的基础上计算生活费标准，有全物计算方式和部分物计算方式。

第二次世界大战后的日本一片废墟，全体国民陷入饥饿状态，生活水平普遍低下，即使使用标准生活费计算法测定出的最低生活费标准依然很低。另外，没有科学的测算技术和专业人员，即使有理论指导，实际上也并未实现预期效果。尽管如此，标准生活费计算法对日后提供了很好的借鉴。

（二）市场菜篮子计算法（1948—1960 年）

市场菜篮子计算法是这一时期采用的主要测量方法。它将维持最低生活所必需的食品、衣物、家具，日用品等生活必需品每一项累积，最后算出最低生活保障标准。

（三）恩格尔系数法（1961—1964 年）

这一时期日本已经进入经济高速发展时期，国民生活水平快速提高，根据社会背景的变化，营养审议会提出，不能停留在仅仅满足最低生活水平所需要的营养量，需要将人体健康发展所需要的营养量作为标准，并提出了基本食品目录作为计算基础。这一时期改用恩格尔系数法计算最低生活费标准。恩格尔系数法是根据恩格尔定律得出的方法，家庭收入越高，食品支出占家庭总支出的比例越小。国际社会一般把食品支出占家庭支出的 60％作为贫困线，得出最低生活保障金额救助标准。

本着国富民富的精神，这一时期社会救助政策改变了计算方法，将应对绝对贫困的市场菜篮子计算法改变为应对缩小社会成员之间经济收入差距的恩格尔系数法。测量方法的改变使社会救助标准提高了18%。表5-1显示了1964年从市场菜篮子计算法转向恩格尔系数法时期，日本劳动研究所研究显示的最低生活费与实际支付的社会救助费标准比较状况。日本劳动研究所认为，虽然政府改变了社会救助标准的计算方法，但是，其标准仍然只能维持最基本的生存，而谈不上宪法所明示的健康且文明的最低生活保障。对恩格尔系数法的局限性提出疑问。

表5-1　　1964年最低生活费和救助标准　　单位：日元

家庭成员构成	一级地区救助标准	劳动研究所预测的最低生活费
老年夫妇两人家庭	11 570	11 264（消费单位1.60）
母子三人单亲家庭	16 102	12 672（消费单位1.80）
标准四人家庭	21 007	19 712（消费单位2.80）
残障五人家庭	27 769	22 880（消费单位3.25）

资料来源：小诏正．我国战后最低生活费研究的系谱［J］．社会保障研究，1965（3）．

注：消费单位指对家庭消费进行严格比较时使用的换算率，由恩格尔（E. Engel）发明，将具有异质性因素的家庭成员转换为平均个人单位。

（四）缩小差距计算法（1965—1983年）

恩格尔系数法一定程度上提高了社会救助标准，但仍然有很大的局限性。20世纪60年代以后，日本国民生活水平迅速提高，最低生活保障水平也需要相应提高的呼声越来越高，1965年日本开始采用缩小差距计算法，目的在于提高社会救助标准，缩小一般国民与被救助者在消费上的差距。

将政府公布的国民消费水平上升幅度，即民间最终的消费支出作为计算基础，同时与被救助者的平均消费对比，在两者之间选择适当的比例作为基准，然后确定缩小差距的附加比例。这一时期，社会救助标准提高的比例高于一般家庭消费水平提高的比例，1983年实施的最低生活费用维持在中产阶层经济收入的60%[①]，基本实现了缩小差距的目标。

（五）水平均衡计算法（1984年至今）

1984年以后，为了进一步缩小被救助者和一般国民在消费上的差距，日本对计算方法进行进一步改革，推出了水平均衡计算法。具体操作是以政府公布的当年国民最终消费支出的上升幅度作为计算基准，再根据上年度实际支出水平调整后进行计算。具体的计算方法是依照居于一般低收入家庭后10%的家庭平均消费作为社会救助标准。如图5-1显示，居于低收入家庭后10%的平均家庭消费人均是13.6万日元，社会救助也以此为标准确定为13.6万日元，体现水平均衡原则。

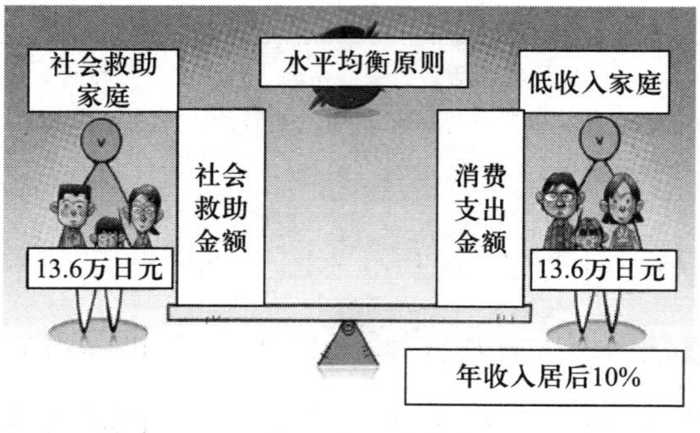

图5-1　水平均衡计算法示意图

资料来源：飯野奈津子．生活保護 問われる最低限度の生活［N］．NHK時論公論，2018-02-01.

依照这种方法计算，社会救助标准可以维持在一般居民消费支出的70%。水平均衡计算法改善了以往将重点放在生存必需品上、徘徊在绝对贫困思路框架下的问题，是为应对相对贫困问题，而将

① 参考厚生劳动省发布的2005年“生活保护基准的基本看法”第四回生活保护协议会资料。

居民消费引入计算方法中。但是，20 世纪 90 年代以后，日本经济低迷，受经济衰退影响，作为参照对象的低收入阶层家庭生活水平普遍下降，尽管计算方法和 10％的比例没有变化，但实际领取的最低生活费却减少了。比如，20 世纪 90 年代末领取的最低生活保障费为 13.2 万日元，而十年以后降低到 11.6 万日元。[①]

二、现行最低生活保障标准

最低生活保护标准五年进行一次大的调整，同时，根据地区物价水平以及家庭成员年龄结构、人员构成不同，最低生活费计算方式不同。最低生活保护标准涵盖内容如图 5－2 所示。生活救助标准额由第 1 生活救助标准、第 2 生活救助标准和附加金额构成。第 1 生活救助标准中具体包括第 1 类费用的饮食费、被服费等个人费用，以及地区规定的金额等具体内容。第 2 生活救助标准包括第 2 类费用的水电煤气、家具用品、冬季取暖费等家庭费用。附加金额主要指针对从小学生到大学生的特殊补贴。

最低生活保护标准＝第1生活救助标准＋第2生活救助标准＋附加金额
↓　↓　↓
第1类费用　＋　第2类费用　＋　学生

图 5－2　最低生活保护标准涵盖内容

资料来源：根据厚生劳动省社会援护局发布的 2019 年“生活保护制度”资料制作。

除上述所列举的基本内容之外，具体计算每个家庭所能够获得的金额，还要根据地区经济差异和家庭人员构成等因素最后确定。一是要根据所在地区物价水平，日本根据地区物价水平差异将全国

① 参考飯野奈津子 2018 年 2 月发表的《生活保護 問われる最低限度の生活》。

分为六个等级；二是根据家庭成员构成以及成员年龄构成，具体计算每个家庭领取的金额。根据2018年的社会救助计算方式，不同地区、不同家庭能够获得的社会救助金额如表5－2所示（所示救助金额中不包括住宅救助和医疗救助）。

表5－2　　2019年社会救助新标准　　单位：日元

	东京地区	地方城市
三人家庭	157 170	131 900
单身老年人	78 470	64 420
老年夫妇	118 880	98 660
单亲家庭	187 460	160 160

资料来源：根据厚生劳动省社会援护局发布的2019年“生活保护制度”资料制作。

另外，大城市被救助者的最低生活保障费高于后10％的低收入家庭，而地方城市的被救助者的最低生活保障费低于后10％的低收入家庭，地区差距和被救助者与未接受救助的低收入家庭之间的不公平问题始终没有得到妥善解决。如何确立更为科学、公平的社会救助标准，依然是一个悬而未决的问题。

2013年以及2018年《生活保护法》修订后，社会救助标准出现新的变化，基本趋向是适当扩大对儿童以及大学生的救助范围和救助金额，适当降低对贫困老年人的救助标准，体现面向未来投资的社会保障改革目标。从社会救助制度整体走向看，社会救助平均水平在2013—2017年降低了5％，2013—2020年降低了10％，2021年以后进入相对稳定阶段。

三、社会救助的申请条件、费用标准和流程

2013年修订的《生活保护法》第8条，对社会救助的申请条件、费用标准等做出新的规定。

（一）申请条件

原则上以家庭为单位申请，家庭成员所拥有的资产、能力等作为测算能否接受社会救助的基础条件。优先考虑对作为家庭主要经济来源的扶养人提供救助。根据最新改革方针，厚生劳动大臣在基础条件之外又附加了以下四项条件：（1）持有储蓄、房产、地产者等资产者，优先变卖资产解决生活贫困问题；（2）对有劳动能力者优先提供就职机会，根据能力参与工作劳动；（3）享受养老金以及各种社会津贴者，优先利用其他制度；（4）能够获得亲属的经济援助者，优先接受亲属援助。

如果上述四项附加条件依然无法解决生活贫困问题，可以申请接受社会救助。

（二）社会救助费与最低生活费计算方式

最低生活费根据《生活保护法》以及各种实施细则由专业人员计算。每个家庭或者个人所面临的贫困问题不同，最后确定领取的最低生活费不尽相同。比如，家有儿童的单亲贫困家庭有附加教育救助费，而老年人贫困家庭则有附加护理救助费。具体的政策标准参见表 5－3。

社会救助费是指在法律规定的最低生活费中，扣除家庭或者个人的各种收入之后的部分。

最低生活费则是在社会救助费之上，根据每个家庭或者个人的实际状况再附加住宅救助费或者教育救助费、护理救助费、医疗救助等而构成的部分。

家庭或者个人收入的计算方法是总收入扣除各种减免税额之后的部分。

表 5-3　最低生活费计算方式

社会救助费＝最低生活费－家庭或者个人收入
最低生活费＝生活救助费＋住宅救助费＋教育救助费＋护理救助费＋医疗救助
家庭或者个人收入＝总收入－扣除各种减免税额

资料来源：根据厚生劳动省发布的2018年《厚生劳动白皮书》之“生活保护制度”制作。

（三）申请社会救助流程

1. 事先咨询

申请救助者要先到社会福利事务所社会救助窗口进行咨询，由负责社会救助的专业人员提供信息和方案。

2. 申请保护

接受家庭或者个人申请社会救助的诉求以后，社会福利事务所组织专业人员进行调查，调查的项目具体如下：

（1）家庭访问，对家庭生活的实际情况进行调查；

（2）储蓄、金融保险、地产和房产等资产调查；

（3）具有扶（抚）养义务者如子女或者父母等，是否给予经济援助等；

（4）养老金等社会保险收入和劳动收入状况；

（5）是否有劳动能力。

3. 支付生活救助费

根据厚生劳动大臣规定的最低生活费基准，扣除养老金或者其他经济收入之后，按照确定的金额每月支付。

4. 事后确认

接受生活救助者，需要每月申报收入状况。根据不同的家庭状况，社会福利事务所社会工作者每年会对被救助者进行多次访问调查。对有劳动能力的被救助者会提供就业建议，协助其与有关劳动部门进行联络和协调。

四、社会救助实施状况

（一）被救助人口以及救助率

从1951年实施《生活保护法》以来，社会救助人口以及救助率有很大的起伏变化，参考表5－4。

表5－4　　　　被救助人口以及救助率的变化情况

项目	1951年	1955年	1965年	1975年	1985年	1995年	2005年	2015年	2017年
救助率（%）	2.42	2.16	1.63	1.21	1.18	0.70	1.16	1.70	1.68
救助人数（万人）	204.7	192.9	159.9	134.9	143.1	88.2	147.6	216.4	213.2
救助户数（万户）	69.9	66.1	64.4	70.8	78.1	60.2	104.2	163	163.7

资料来源：人口社会保障研究所．生活保護に関する公的統計データ一覧2018［EB/OL］. 2020. http：//www.ipss.go.jp/s-info/j/seiho/seiho.asp.

在法律推行当年，救助人数处于高位，救助人数曾高达204.7万人，救助率突破2.42%。1965年以后，经济快速发展带来了国民生活水平整体性提高，救助人数开始迅速减少到159.9万人，救助率下降到1.63%；1975年再次减少到134.9万人，救助率降低到1.21%。但是，20世纪90年代以后，由于日本出现经济危机，经济发展开始负增长，政府为了控制社会保障财政支出，推行减轻社会救助、社会保险支出负担的政策，人为抑制贫困率上升。另外，绝对贫困人口大大减少，新的贫困状态尚未得到社会认同，也使得20世纪90年代这一时期的社会救助水平停滞不前。1995年的救助人数仅有88.2万人，救助率降到最低0.70%。

2000年以后，因失业或者就业不稳定等原因，大量中青年劳动力陷入贫困状态，贫困形态发生了很大变化，救助率也出现快速上升，2000 年为 1.16%，之后仍持续上升，2015 年突破 1.70%，其中主要原因是社会对相对贫困有了新的评价和认同。社会各界也开始关注新型贫困问题，比如，由于经济的衰退，大学生和研究生毕业之后找不到工作，毕业即进入失业状态；不少年轻人因经受不了人生挫折患上忧郁症，长期与外界隔绝无法实现生活自立，不得已接受社会救助等。造成这一贫困的原因不在于个人而在于社会的认知，逐渐获得社会的认同，年轻一代的新型贫困问题被纳入救助视野。同时，社会救助标准计算方法改革以及相对贫困理念获得社会认同，为推动扩大救助范围起到积极作用。2000 年以后，由于家庭个体化现象突出，被救助家庭户数出现迅速上升，2005 年达到 104.2 万户，2015 年突破 163 万户。再次出现了类似 20 世纪 50 年代救助对象迅速膨胀的高峰。

（二）被救助者的年龄与家庭状况

1. 被救助者年龄阶段变化

从救助者年龄阶段的变化分析，根据 2016 年的统计数字，所有年龄段的平均贫困率为 1.67%，65 岁以上老年人的贫困率 1995 年为 1.55%，2005 年为 2.15%，2016 年为 2.89%（见图 5－3）。从 65 岁老年人统计数字中可以看到两个趋势：从 1995—2016 年，贫困率上升幅度最快；这一年龄段的贫困率一直居首位，2016 年为 2.89%，远远超过平均贫困率。根据统计数字看贫困率居第二位的是 60～65 岁年龄段，2016 年的贫困率为 2.41%，尤其是从 2008—2014 年的上升幅度大。其中一个重要原因是日本将退休年龄推迟从 60 岁延长到 65 岁，处在延长退休年龄过渡时期的老年人，既拿不到全额年金又无法重新就业，由此陷入贫困者居多。之后日本积极推动老年人再就业，缓解了这一年龄段的贫困问题。而 50～59 岁年龄段曾居第三位，贫困率为 1.70%。总之 50 岁以上年龄段的中老年人贫困率均超过了平均贫困率。贫困率居第五位的是 19 岁以下青少年，为 1.17%，虽然低于平均贫困率，但是引人注目。近年来采取了诸多面向青少年的贫困预防性项目，收到一定效果，2014 年以后出现微微下降趋势。

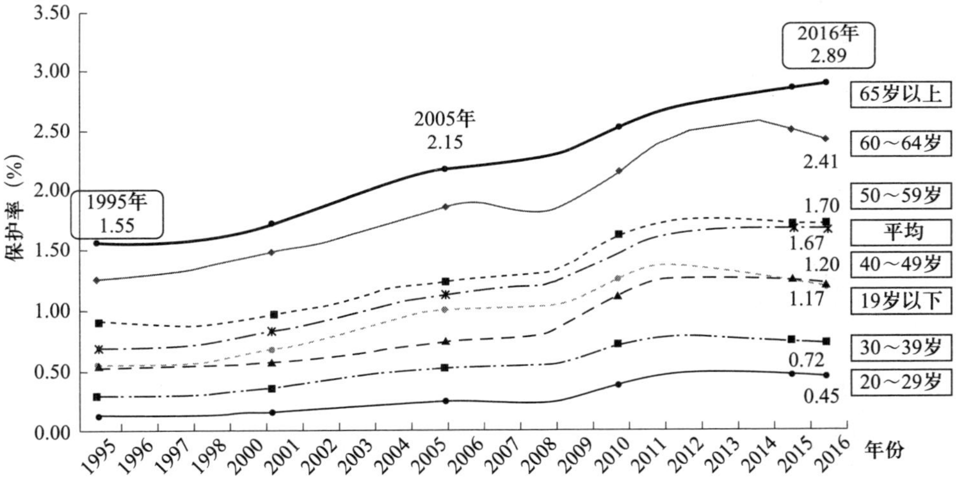

图 5－3　按年龄划分的社会救助率的变化情况

资料来源：人口社会保障研究所．生活保護に関する公的統計データ 2018［EB/OL］．2020.

为什么老年人贫困率与家庭救助率逐年增高？表 5－5 具体反映了老年人接受不得不接受贫困救助的主要原因。关于调查中“开始接受救助理由”的回答，居第一位的是储蓄减少或者用尽导致贫困；第二位是户主病残导致贫困；第三位是衰老，即随着年事已高，雇佣机会减少带来的收入减少；第四位是子女援助中断或减少所致；此外，因陷入需要护理状态导致贫困的老年人家庭也在逐年增加。

表 5-5　　老年人家庭接受贫困救助的原因　　单位：户数

开始接受救助理由	2012 年度	2013 年度	2014 年度	2015 年度
户主病残	776	763	791	824
家庭成员疾病	35	36	34	39
因疾病接受紧急医疗救助	219	219	147	159
需要护理状态	85	90	95	104
家庭主要劳动力死亡	21	21	19	21
与家庭主要劳动力离别	103	101	100	103
退休或者失业	268	237	220	229
因衰老导致收入减少	768	668	652	653
事业不振或者破产	74	64	60	54
副业收入减少	165	138	136	150
社会保障给付减少或者丧失	84	74	66	52
储蓄减少或者用尽	1 870	1 907	2 142	2 336
子女援助中断或减少	316	286	298	319
其他原因	566	600	619	623
合计	5 349	5 204	5 379	5 666

资料来源：人口社会保障研究所．生活保護に関する公的統計データ 2018 [EB/OL]. 2020.

为了解决年老后经济收入的问题，目前日本正在采取逐步延长退休年龄到 75 岁的措施，增加老年人再就业的机会，同时也期待缓解由于劳动力人口减少带来的劳动力不足问题。

2. 救助家庭状况变化

从救助家庭分类看，65 岁以上老年人家庭占比最高，1995 年以后随着老龄化和长寿化的发展，呈逐年上升趋势（见图 5-4）。近年来在新经济改革方针之下，提高老年人医疗服务和护理服务的个人负担比例以及降低年金给付比例等政策的推行，一部分老年人因此收入减少，不得不通过接受社会救助的方式，解决生活困难问题。1997 年老年人家庭占总体的 44%，而到了 2017 年突破了半数，达到 51%，老年人贫困问题越加凸显。

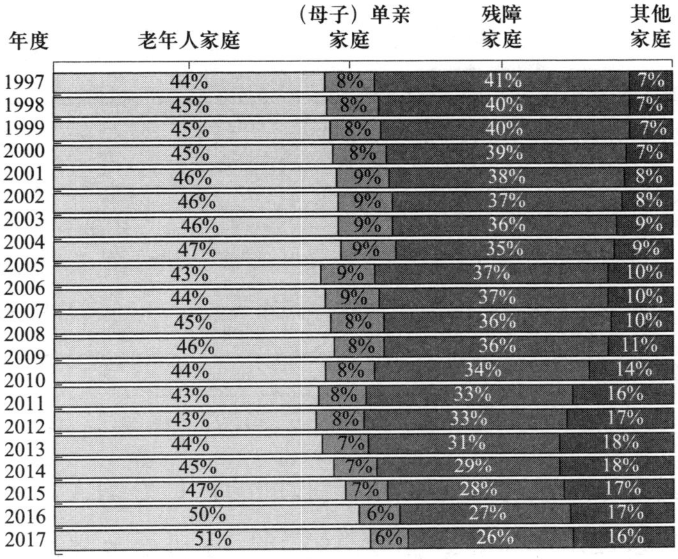

图 5－4　不同家庭救助状况变化

资料来源：人口社会保障研究所．生活保護に関する公的統計データ 2018［EB/OL］．2020.

占比第二位的是残障家庭，1995 年以前，残障家庭户数高于老年人家庭户数，1997 年约占总体的 41％，2017 年减少到 26％，减少幅度很大。20 世纪 60 年代（母子）单亲家庭户数曾经出现一个高峰点，突破了 10％，之后有所下降。但是 2000 年以后，处于相对贫困状态的（母子）单亲家庭问题引起社会关注，在救助项目上进行部分调整，扩大了对其救助范围，因此这一群体的救助率出现略微上升趋势。2010 年以后，提高对贫困家庭儿童救助标准以及促进单亲妈妈就业等政策取得了一定实效，2017 年下降到 6％。除此以外的其他家庭，如失业家庭，2000 年以后也出现逐年上升趋势，2017 年达到了 16％。从历史沿革看，弱势群体的残障家庭、老年人家庭、（母子）单亲家庭始终是主要救助对象。

3. 外国人接受社会救助状况

在日本长期居住的外国人，符合条件并审查合格者，可以享受与日本人同等的社会救助待遇（见表 5－6）。

表 5－6　　不同国籍生活救助家庭和救助率

国籍	家庭总户数	接受社会救助户数	支付率
韩国/朝鲜	183 771	29 482	16.0％
菲律宾	56 520	5 333	9.4％
中国	285 127	4 966	1.7％
巴西	53 757	1 396	2.6％
美国	22 509	144	0.6％
外籍总数	1 171 656	44 965	3.8％

资料来源：人口社会保障研究所．生活保護に関する公的統計 2019.2021.

根据表 5－6 的数据，接受社会救助的在日外国人，排在第一位的是韩国和朝鲜，被救助家庭 29 482 户，支付率占其在日两国家庭总数的 16.0％。这主要是因为第二次世界大战时期朝鲜半岛沦为日本殖民地，战争结束后仍然有留居日本的群体，主要是老年人。排在第二位的是菲律宾，被救助家庭 5 333 户，支付率占其在日家庭总数的 9.4％。菲律宾国籍的被救助对象大多数为女性，她们是在日本泡沫经济时期，以参与日本娱乐界和风俗街活动为目的而进入日本的，此后依然滞留在日本，特别是进入老年期之后，经济收入来源不稳定，导致贫困者居多。排在第三位的是中国，被救助家庭4 966 户，支付率占其在日家庭总数的 1.7％；第四位是巴西，被救助家庭 1 396 户，支付率占其在日家庭总数的 2.6％；第五位是美国，被救助家庭 29 482 户，支付率占其在日家庭总数的 0.6％。

（三）社会救助费支出分布状况

《生活保护法》规定的社会救助项目分为八种，表 5－7 反映了 2010—2016 年不同社会救助项目费用以及救助费总额的变化状况。

表 5-7　　2010—2016 年社会救助费分布状况　　单位：亿日元

年度	救助费总额	生活救助费	住宅救助费	教育救助费	医疗救助费	护理救助费	生育救助费	创业救助费	丧葬救助费
2010	3 329 629 240	1 155 175 052	499 605 259	19 920 451	1 570 134 713	65 902 942	525 745	10 877 971	7 487 107
2011	3 501 590 101	1 209 006 731	538 415 058	20 489 900	1 643 231 070	70 677 191	551 105	11 483 859	7 735 187
2012	3 602 845 240	1 245 835 486	565 137 892	20 406 617	1 675 872 276	75 470 790	527 679	11 827 151	7 767 349
2013	3 628 503 036	1 224 420 699	579 841 755	19 883 571	1 706 195 259	78 128 307	510 310	11 731 481	7 791 654
2014	3 681 003 871	1 220 478 902	585 279 940	19 382 284	1 753 560 126	83 139 125	448 752	11 370 255	7 344 487
2015	3 712 668 538	1 200 347 795	603 242 152	18 952 283	1 785 426 764	85 566 781	432 943	11 138 235	7 561 585
2016	3 715 290 058	1 180 706 301	594 592 393	17 633 360	1 816 466 535	87 698 514	386 146	10 051 608	7 755 201

资料来源：人口社会保障研究所．生活保護に関する公的統計データ2018. 2020.

从社会救助费总额看，2010 年以后呈年年增长趋势。2013 年修订法律以期抑制社会救助费用上升趋势，但是效果并不明显。2016 年社会救助费总额突破 37 152 亿日元。在八种救助项目中，增长速度比较快的前三位是医疗救助、护理救助以及住宅救助。利用护理救助较多的是老年人和残疾人，利用住宅救助的则多为中青年和（母子）单亲家庭。呈减少趋势的是教育救助和生育救助。

教育救助和生育救助减少的原因有两个。一是应对少子化问题，政府开辟了另外的财政项目以对应少子化问题，控制综合生育率下滑，一部分家庭的需求被转移到少子化财政对策，减轻生育救助压力；二是新生儿总人口逐年下降，需要救助的人口总量在减少。

护理救助费逐渐增加的问题，引起社会普遍关注。表 5－8 显示了 2009—2016 年护理救助费增加状况。

表 5－8　　2009—2016 年护理救助费增加状况

年度	2009	2010	2011	2012	2013	2014	2015	2016
占救助费总额比例（%）	14.7	15.0	15.4	15.7	16.1	16.1	16.2	16.3

资料来源：人口社会保障研究所．生活保護に関する公的統計データ，2018.

占救助费总额的比例逐年增加的背景是老年人贫困问题加剧，特别是因老年人护理问题而导致的贫困者增加。2000 年日本开始推行护理保险制度，其中一个比较重要的政策目的是减少因陷入护理困境而致贫家庭，但是，由于个人负担的护理保险费用以及享用护理服务的个人负担比例逐年提升，低收入家庭以及个人无法支付有关护理费用而申请护理救助者逐渐增加。护理救助主要是提供护理保险费以及利用护理服务时需要支付的个人服务费。

第四节　社会救助行政

一、社会救助行政

设置在市町村的社会福利事务所是社会救助行政事务的主要经办窗口，它负责家庭资产调查以及生活状况调查，在深入调查的基础上向地方政府提交审批，社会福利事务所根据人口数量设置，每10万居民设置1所，日本全国共设有1 244所。根据2015年颁布实施《生活穷困者自立支援法》，福利事务所同时开设生活穷困者自立支援咨询窗口，并与社会救助咨询窗口合作协助，为申请者制定最佳救助方案。

协助有关事务调查的是社区中的民生委员，根据《民生委员法》规定，民生委员由都道府县知事推荐，厚生劳动大臣委任。该法还规定先由各个基层自治组织的民生委员推荐会推荐，民生委员没有报酬，其任期为三年。民生委员多由家庭主妇或者退休人员担任，扮演着日本生活保护事业志愿者角色。除此之外，法律事务所接受行政机构委托，开设有关社会救助和自立支援的咨询和协调业务，具体流程如图5－5所示。

社会福利事务所首先接待申请者并提供咨询服务，接受本人或者家庭的申请救助表之后，进入实质性的资产调查和生活状况调查，并对其有无接受社会救助资格进行资格审查。社会福利事务所根据调查结果依据法律条文进行审核，符合条件者以社会福利事务所所长名义发出社会救助开始实施的通知，不符合条件者驳回申请，但允许再次提交救助申请。申请者提交申请之日起，一般在14天之内完成整个程序，使申请人尽快进入接受救助的程序。如问题复杂需要详细调查，也要在一个月之内给予明确答复。

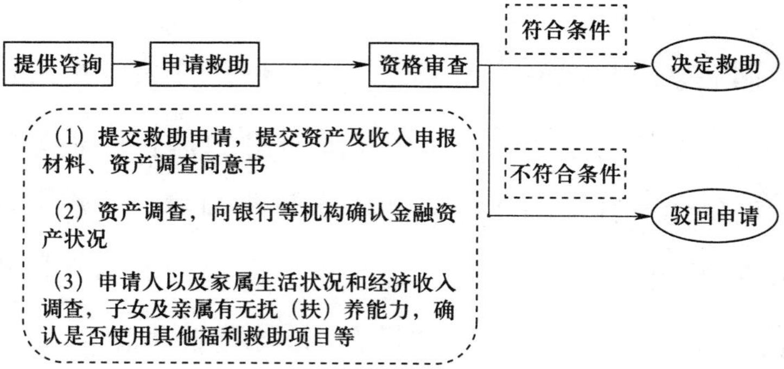

图 5－5 申请社会救助具体流程

资料来源：厚生労働省．生活保護制度．2020.

二、社会救助机构

社会救助机构是依法设置、面向需要接受社会救助的对象提供服务的福利场所。救助机构分为以下六种。

（一）救护机构

救护机构主要以由于身体或者精神上的障碍，维持日常生活困难者为对象。多数先天性残疾或者后天致残者，经治疗无效果的，会选择长期入住机构，救助机构以提供生活扶助为主。

（二）更生机构

更生机构以因身体或者精神上患有疾病，但通过机构养护以及辅导等手段，可以逐渐恢复日常生活者为对象。它与救护机构不同的是其属于阶段性或者短期利用措施，以提供生活扶助为主，生活辅导为辅。

（三）医疗保护机构

医疗保护机构是由政府指定的医疗机构，主要协助社会救助行政窗口对需要进行医疗救助者提供必要的住院治疗和门诊治疗。接受住院治疗的机构多为公共医疗机构。

（四）授产机构

授产机构以由于身体或者精神上的障碍，维持日常生活困难者为对象。可以为这一群体提供参与简单劳动的环境以及给予职业培训，最终目的是促进他们回归社区和家庭。

（五）职业介绍机构

职业介绍机构主要为被救助者提供咨询、介绍职业、职业培训，敦促回归职场。

（六）住宿机构

住宿机构为住宅救助对象以及无固定住处的救助对象提供短期或者长期的住所。经营住宿的团体多为民间非营利机构或者福利法人，多数是接受行政部门的委托，本着服务于社会的精神参与。行政机构对其服务设施、服务标准、服务项目给予指导和监督。

三、处罚不正当领取救助金者

利用虚报作假等手段冒领或者多领救助金问题，近年来多有发生，也有外国人滥用此项制度，这引起社会强烈不满。2013 年的法律修订，扩大了社会福利事务所对申请者的纳税、各种渠道收入等进行调查的权限，严格审批制度，对杜绝冒领和多领事件发生取得一定效果。表 5－9 显示了 2013—2017 年不正当领取事件的发展状况。2013 年法律修订之后，强化了监督机制，2014 年取得一定效果，但是，2015 年、2016 年不正当领取事件发生率又有所回升，2017 年有大幅度下降，但是不正当领取依然有 39 960 件，其金额达 155 亿日元，平均每件事件的涉案金额为 4 389 千日元。不正当领取的主要原因是经济收入申报不属实，占总体的 46％左右；此外也与年金收入申报不属实有关，占总体17%左右。

表5－9　　不正当领取事件的发展状况

年度	不正当领取件数（件）	金额（千日元）	每一事件的平均金额（千日元）	举报件数（件）	立即停止发放件数（件）
2013	43 230	1 869 033	42.3	151	11 080
2014	43 021	1 747 903	40.6	152	10 512
2015	43 938	1 699 408	38.7	212	10 587
2016	44 466	16 766 612	37.7	220	10 509
2017	39 960	15 530 012	38.9	140	9 619

资料来源：厚生劳动省发布的“生活保険制度の現状と問題”。

此外，社会救助制度在执行过程中出现了遗漏问题。因为接受社会救助需要对家庭成员状况以及收入状况等进行严格审核，部分陷入生活贫困的家庭，由于不愿意暴露个人隐私，而不去申请社会救助者大有人在。

由于上述问题迟迟得不到彻底解决，国民对社会救助制度的信任度直接下降，如何挽回国民对社会救助制度信誉问题，也是一个需要解决的重要课题。

社会救助制度面临的主要问题还有以下两方面。第一，被救助人口逐年上升，国家由此承担的社会救助财政逐年增长，给国家财政带来巨大压力。第二，社会救助标准偏高，年金给付水准逐年下降，特别是对缴纳养老保险和医疗保险多年的群体，其退休金与被救助者获取的最低生活费所差无几。另外，按照最低工资标准获取的劳动收入与社会救助的最低生活费差距也很小，制度之间的不均衡带来了国民之间的不公平感。

参考文献

［1］岩田正美．現代の貧困［M］．东京：筑摩書房，2007.

［2］山田篤裕，布川日佐史．最低生活保障と社会扶助基準——先進8ヶ国における決定方式と参照目標［M］．东京：明石書店，2014.

［3］村田隆史．生活保護法成立過程の研究［M］．东京：自治体研究社，2018.

［4］岩永理恵，卯月由佳．生活保護と貧困対策——その可能性と未来を拓く［M］．东京：有斐閣，2018.

［5］橘木俊詔．貧困（福祉＋α）［M］．东京：ミネルヴァ書房，2018.

［6］山田篤裕，駒村康平，等．最低生活保障の実証分析——生活保護制度の課題と将来構想［M］．东京：有斐閣，2018.

［7］森川清．生活保護法 —新版・権利としての生活保護法［M］．东京：あけび書房，2014.

［8］池谷秀登．生活保護ハンドブック［M］．东京：日本加除出版社，2017.

［9］伊藤周平．保険化する社会保障の法政策：現状と生存権保障の課題［M］．京都：京都法律出版社，2019.

［10］五石敬路，岩間伸之他．生活困窮者支援で社会を変える［M］．京都：京都法律出版社，2017.

后　记

希望本书的内容能够帮助读者认识日本社会保障在社会治理过程中发挥的作用，其作用可以概括为以下三点。

一、保障国民生活安定，提高生活质量

在经济和社会急剧变化过程中，越来越多的人认识到社会生产力发展水平虽然获得迅速提高，而“劳动力再生产的物质生活和精神生活内容”并没有相应获得改善。因此对社会保障在提供生活安定和提高生活质量方面的作用有了更多的诉求和需求。日本社会保障制度在顺应国民不断增长的需求，增强社会保障应对能力方面做了诸多努力。

进入21世纪以后，社会保障结构性改革的主要目标是将其保障功能从经济收入型逐步转向生活保障型。比如，扩展老年人护理服务项目，对育儿家庭提供免费、低费保育服务，对失业人员提供职业培训以及住房救助等，都是为了力图保护国民生活的安定。它的功能不再拘泥于最低生活保障，而已经转型以提高国民生活质量为政策目标。

二、强化收入再分配功能

经济收入再分配功能主要体现在对个人或者家庭收入之间出现较大差距时进行的收入转移。

日本社会保障采取混合财政方式，将国家税金负担的公助与社

会保险方式的互助相结合。同时，在护理保险服务供给中推进“准市场”经济，在国家干预和市场经济原理中寻找平衡的制度安排等，为收入再分配提供了多重政策路径，在实现共同富裕目标上发挥决定性作用。比如，对收缴的社会保险费，在遵循平等互助原则之下，进行资源再配置，以达到参保者之间收入再分配的效果。另外，通过税金制度，将高收入阶层的部分资金转移到低收入阶层。同时，收入再分配不限于现金给付，重视实物和服务给付方式。接受医疗以及护理服务的个人负担比例，会根据个人以及家庭收入来确定，低收入阶层可以享受减免医疗费、减轻儿童医疗费负担等优待。总之，不管收入多少，不管有无劳动能力，人们都可以得到社会保障再分配保护网的保护，这有助于日本缩小各社会群体之间存在的收入差距，实现社会平等的目标。

三、社会保障在生活安定与经济安定这两者之间起到平衡杠杆作用

社会保障理论界始终有两种对立的观点，主张极力抑制社会保障财政支出规模的学者认为，扩大支出规模的负面效果首先表现在消费和雇佣的减少，导致经济发展滞后。但是，主张扩张社会保障财政支出规模的学者认为，不能把社会保障的功能仅仅局限在提供生活安全网方面，需要找到一条社会保障与经济同步发展的路径，事实上，社会保障可以在两者之间发挥平衡杠杆作用。

实证研究发现，社会保障规模是否过大，可以通过国民负担率与经济发展成长率之间的相关系数来判断。如果出现负数，就说明社会保障规模偏大。同样的关系也可以预测到国民经济负担与储蓄率、生产设备总量之间的关系。同时还发现，提高社会保障水平，

可以消除人们对未来生活的不安，会刺激家庭生活的支出、促进消费，同时对确保高质量的劳动力也有积极作用。不断增长的对老年人的社会保障支付，会刺激医疗、护理等健康领域的需求以及支出，在扩大就业和扩大内需上会有明显效果。所以社会保障支出增长对经济发展会有贡献。

总之，日本社会保障制度在发挥保障国民生活安定、促进经济安定，以及平衡两者之间的关系上积累的实践经验以及理论构想，有一定借鉴意义。

沈　洁

2022 年 4 月